福来思想库

品牌农业❻

乡村振兴
品牌引领

中国特色乡村振兴的路径、方法与实践

乡村振兴是"三农"工作的抓手 · 产业兴旺是乡村振兴的抓手 · 品牌强盛是产业兴旺的抓手

娄向鹏 郝北海 著

中国农业出版社
北 京

特邀推荐

RECOMMEND

民族要复兴，乡村必振兴。乡村振兴是新时代的重大国家战略，但中国特色乡村振兴之路到底怎么走？资深农业品牌专家娄向鹏先生的新著《乡村振兴　品牌引领》，立足中国国情，以国际视野和创新实践，从理论基础、顶层设计、典型案例等方面，全方位探寻和分享中国特色乡村振兴的路径、方法与实践，相信能为乡村振兴决策者和参与者提供有益的借鉴和参考，助力乡村振兴大业。

——中国工程院院士、湖南农业大学学术委员会主任　刘仲华

乡村振兴靠产业，产业振兴靠品牌。如何科学建设农业品牌高质量推动乡村振兴，是当前各界普遍关心的问题。娄向鹏先生的新著《乡村振兴　品牌引领》，立足中国特色和品牌强盛，从基础理论、样板案例、专题研讨等方面，系统提出了引领乡村振兴的路径、方法与实践，兼具理论性与操作性，有很强的参考意义与指导价值，值得大家好好阅读与借鉴。

——中国农业大学中国农业品牌研究中心主任、教授、博士生导师、《农产品区域公用品牌建设指南》起草组首席专家　陆娟

与福来的结缘，始于2021年。福来为宁夏枸杞策划了"宁夏枸杞·贵在道地"的广告语，设计了活泼可爱的"宁夏杞宝"卡通形象，凝练地展现了宁夏枸杞的特点和属性，也体现了福来在农业品牌领域的专注和专业。

《乡村振兴　品牌引领》是以娄向鹏为代表的福来人，立足中国特色，

以国际视野和实战思维，从理论基础、顶层设计、方法体系、典型实践、专题报道等方面全方位解析中国特色乡村振兴的底层逻辑和积极探索，探寻和分享中国特色乡村振兴的路径、方法与实践，构成了该书完整的理论体系和实践指南。该书凝聚了福来咨询与中国人民大学品牌农业课题组多年来农业品牌研究成果和智慧。

当下适逢全国加快建设农业强国、全面推进乡村振兴的关键时期，该书的出版对农业品牌打造、助力产业振兴具有很强的针对性、指导性和实用性，能够为乡村振兴的决策者和参与者提供有益参考，值得学习和借鉴。

—— 宁夏回族自治区林业和草原局党组书记、局长　徐庆林

乡村振兴，是实现农业强、农村美、农民富的现实选择，品牌强农是实现乡村振兴战略的关键抓手。《乡村振兴　品牌引领》一书立足国际视野，聚焦中国特色，以实战实用为导向，深入浅出地解析了中国特色乡村振兴的底层逻辑、工作思路和发展方向，做到了有谋、有策、有法，为县域基层全面推进乡村振兴提供了有力借鉴和参考，实为当下乡村振兴题材的难得佳作。

——中共寿光市委书记　赵绪春

习近平总书记强调，产业振兴是乡村振兴的重中之重。《乡村振兴　品牌引领》一书聚焦乡村振兴战略"三个抓手"理论，从产业振兴的品牌战略、机制保障、传播推广等角度，从南到北，详细收录和分析如何依托品牌打造，促进产业振兴的典型案例，系统总结农业现代化品牌化的路径、方法和实践，探索出农业品牌建设的新思路新方法，对全国各地推动特色产业高质量发展、全面推进乡村振兴提供了丰富的经验支持和智慧启发，值得学习借鉴。

——中共梧州市委常委、组织部长（曾任中共三江县委书记）邝驱

横县是中国茉莉之乡，"全球10朵茉莉花，6朵来自广西横县"。但如何从量的绝对优势到质的蜕变？娄向鹏老师设计的横县茉莉花品牌战略提出了颇具建设性的方案，找到了茉莉花全产业链新路径，推动了茉莉花"标准化、品牌化、国际化"进程。他的著作《乡村振兴 品牌引领》具有很强的思想性、指导性和操作性，值得阅研。

——中共横州市委书记 黄海韬

农业品牌建设，是一项贯穿农业产业转型升级、供给侧结构性改革、农民增收的系统工程。做好农业品牌工作就牵住了现代农业高质量发展的"牛鼻子"，攥住了农民增收的"钱袋子"，把好了农产品增强竞争力的"油门子"。

临颍县是中国数字辣椒之都、中国数字辣椒第一县，在农食融合、农业全产业链发展、促进农民增收等方面一直在积极探索。娄向鹏先生在"品牌农业"方面提出了一系列新颖的观点和务实的方法，对临颍辣椒品牌的打造助力颇多。其"品牌农业"系列著作值得深入研读、学习借鉴。

——中共临颍县委书记 李俊伟

产业如何兴旺，品牌如何助农，一直是乡村振兴工作的难点。娄向鹏老师的《乡村振兴 品牌引领》一书，清晰地回答了怎样通过实现品牌塑造，从而助推乡村产业健康发展这一核心问题，非常值得我们基层一线同志们学习和践行。

——中共西峡县委书记 马俊

把握好品牌引领作用、发挥好品牌引领效能，是全面推进乡村振兴战略的重要抓手。《乡村振兴 品牌引领》一书，立足中国特色，从理论和实战需求方面，多维度解析了乡村振兴的底层逻辑、根本路径以及核心方法，通过大量典型案例探索出以农业品牌化引领乡村振兴的新思路新方法，为壮大乡村产业、促进群众增收提供了可借鉴的经验与实践样板，是一部值得研读的精品佳作。

——汝阳县人民政府县长　姬素娟

茶叶是中国的世界级特产，也是实现国家乡村振兴战略的重要产业抓手。如何以品牌为引领，推动中国茶叶实现茶文化、茶产业、茶科技统筹发展，进而促进乡村振兴和区域经济社会高质量发展？娄向鹏和郝北海先生的新著《乡村振兴　品牌引领》做出了积极探索和贡献，并提供了中国特色乡村振兴的路径、方法和实践参考，希望能为我国各茶叶产区和广大茶企的品牌化发展和乡村振兴战略给予有益借鉴和帮助。

——中国茶叶流通协会会长、全国茶叶标准化技术委员会主任委员
王庆

果品产业是乡村振兴的重要产业。在新的发展阶段，质量和品牌建设成为果品产业发展的关键环节。品牌兴则果业兴。娄向鹏和郝北海先生的专著《乡村振兴　品牌引领》对品牌建设提出了独特的理论体系和实践路径。值得果品行业学习和借鉴。

——中国果品流通协会会长　鲁芳校

乡村振兴是党的新时期的伟大战略，如何全面推进乡村振兴工作，是摆在我们面前的重要课题。《乡村振兴　品牌引领》一书为我们描述了"三农"中的核心，以品牌带动生产、加工、流通，以品牌推进乡村振兴的发展，以品牌为生产者带来更大的收获！期待此书的早日发行！

——中国蔬菜流通协会会长　戴中久

民族要复兴，乡村必振兴。乡村振兴成为新时代的重大国家战略，也是龙头企业和区域经济实现高质量发展的重要机遇。但乡村振兴之路到底

怎么走？在中国是前无古人的伟大创举，没有现成的、可照抄照搬的经验。

《乡村振兴 品牌引领》这本书，立足中国特色，以国际视野和实战思维，从理论基础、顶层设计、方法体系、典型实践、专题报道等方面全方位解析中国特色乡村振兴的底层逻辑和积极探索，通过大量的实践，提出了"三个抓手"理论，总结出了中国特色乡村振兴的路径和方法，为所有关心、参与乡村振兴的各界人士，提供了理论指导与实操指南。

这本书的出版，将让乡村振兴事业不走错路、少走弯路，有利推动中国乡村振兴事业的健康、永续发展。功在当代，利在千秋！

—— 深圳百果园实业（集团）股份有限公司董事长　余惠勇

我和娄总既是老乡，又都是品牌从业者，我们因乡村因农业结缘，因品牌深交。娄总在乡村品牌的建设上深耕多年，《乡村振兴 品牌引领》已经是他在这一领域的第6本专著。

书中全方位解析了中国特色乡村振兴的底层逻辑与其近年来积极探索的相关成果，探寻和分享了中国特色乡村振兴的路径、方法与实践，进而为乡村振兴决策者和参与者提供有益的借鉴和参考。

茶为国饮，国盛茶兴。作为我国乡村振兴战略的重要组成部分，书中对茶产业发展同样着墨不少，以各地产业发展为案例，分析了中国茶的现状及未来。其间既有对政策的透彻分析，又有鲜活的品牌引领案例以及权威专家的专业解读，内容生动具体，具有很强的实用性和可操作性。以我读之，大有裨益，特以为荐。

——小罐茶创始人、董事长　杜国楹

乡村振兴是实现中华民族伟大复兴的一项重大任务，作为"三农"领域的主力军，北京首农食品集团积极探索实践，利用自身技术、管理、全产业链优势，与北京市对口支援的7个省份近1600家基地、合作社、供应商"结对子"，因地制宜，双向接轨，形成独具特色的"产业推动、科技驱动、渠道联动、品牌互动、就业带动"精准帮扶新模式，入选"全球减贫案例"，荣获全国脱贫攻坚先进集体荣誉。

《乡村振兴 品牌引领》立足中国特色，以国际视野和实战思维，从理论基础、顶层设计、方法体系、典型实践、专题报道等方面全方位解析中国特色乡村振兴的底层逻辑和积极探索，探寻和分享中国特色乡村振兴的路径、方法与实践。作为"品牌农业"系列专著的第6部，这部著作构成"品牌农业"完整的理论体系和实践指南，相信一定能为乡村振兴决策者和参与者提供有益的借鉴和参考，助力乡村振兴大业！

——北京首农食品集团有限公司总经理 袁浩宗

《乡村振兴 品牌引领》是一本重要的专著，它以中国特色乡村振兴为主题，立足中国特色，以国际视野和实战思维，从多个角度深入剖析了乡村振兴的底层逻辑和核心问题，提出了一系列创新性的理论观点和实践经验，尤其书中提出的"三个抓手"，为乡村振兴决策者和参与者提供了有益的借鉴和参考。

作为"品牌农业"系列专著的第6部，本书构成了"品牌农业"完整的理论体系和实践指南，为中国农业的现代化和品牌化提供了重要的理论支撑和实践指导。我相信，本书将成为乡村振兴领域的参考指南之一，对于推动中国乡村振兴事业的发展，具有重要的意义和价值。

——云天化集团有限公司党委书记、董事长 张文学

乡村振兴，产业是基础，品牌是抓手。这也是好想你一直践行的发展理念。娄向鹏老师的新作《乡村振兴 品牌引领》从中国国情出发，借鉴世界经验，为我们清晰揭示了中国特色乡村振兴的底层逻辑、基本路径、方法体系和具体实践，具有很强的开创性、针对性和操作性，值得乡村振兴决策者和参与者好好研读和借鉴。

——好想你健康食品股份有限公司董事长 石聚彬

品牌建设，作为市场供给与需求的价值载体，已经成为乡村振兴的战略引擎，也是实现企业和区域经济社会高质量发展的重要路径。福来的新著《乡村振兴 品牌引领》从战略认知、底层逻辑、顶层设计和实践案例等层面系统探索和解析了中国特色乡村振兴的理念、路径与方法，很有启发意义和指导价值。认真品读，相信对大家定有所裨益和帮助。

——仲景食品股份有限公司总经理 朱新成

毫无疑问，乡村振兴已经进入品牌引领的时代。品牌化不仅是乡村振兴的重要抓手，亦是乡村振兴走向成熟的重要标志。娄向鹏先生的《乡村振兴 品牌引领》既有理论的提炼，又有方法的传授，更有成功案例的经验，可是说是一部指导乡村振兴相关产业打造品牌的宝典。我想说的是，以娄向鹏先生在"三农"领域卓越的服务水准与成功经验，认真研读这本书，绝对是超值的。

——新华社《中国名牌》总编辑 周志懿

乡村振兴是"三农"工作的抓手，产业兴旺是乡村振兴的抓手，品牌强盛是产业兴旺的抓手，"三个抓手"理论是"三农"工作的底层逻辑。建议"三农"工作者，尤其是县(市)委书记县(市)长们、乡镇委书记乡镇长们，农业农村系统的干部们，认真阅读《乡村振兴 品牌引领》这本书，把它作为必读书、教科书，指导工作实践的书。

这是我迄今为止读到的讲乡村振兴时立足中国实际，具有国际视野，从理论基础、顶层设计、方法体系、典型实践、专题报道、案例赏析等方面全方位解析中国特色乡村振兴的实践和探索的最好的书之一，读懂它、弄透它、掌握它，你就掌握了中国特色乡村振兴的理论、知识、路径和方法，你就是"三农"工作的行家里手。

——广东乡村振兴服务中心执行主任，南方报业传媒集团(南方日报社)原专职编委，南方农村报社原主编 陈永

　　品牌建设本质是打造定价权的过程。从2018年开始，广西横州正式聘请北京福来咨询机构帮助策划横州茉莉花品牌，确立打造世界茉莉花都、世界茉莉花产业集群，召开世界茉莉花大会的主攻目标。经过坚持不懈的品牌打造，横州茉莉花产地收购价每千克平均上涨16元以上，花农亩收入增加8000～12000元，有力促进了农民增收、产业增效，全面推动横州乡村振兴。相信全国农业品牌学者、研究人员、农业战线干部群众认真研读福来《乡村振兴　品牌引领》一书，一定会有很多感悟和收获。

　　　　——广西农业农村厅农村合作经济指导处处长、高级农艺师　韦斌华

　　娄向鹏先生是兴安盟农业品牌发展的重要合作伙伴，长期深耕于全国农业品牌的战略研究与推广实践，始终致力于做优质农产品的推广者、优秀农业品牌的塑造者、乡村振兴的推动者。娄向鹏先生新著《乡村振兴　品牌引领》以宽广的前沿站位和独特的专业视角，就如何以品牌建设赋能乡村振兴作出了详细论述和生动解读，深刻揭示了农业品牌营销的战略路径和有效方法，具有很强的学习、参考、借鉴价值，值得深入研读。

　　　　——兴安盟农牧局党组书记、局长　李振林

　　产业振兴是乡村振兴的重中之重。《乡村振兴　品牌引领》抓住实现乡村产业振兴的关键环节——农业品牌化，为我们展示了打造区域公用品牌、企业品牌、产品品牌的典型路径和创新做法，对于各地探索走好中国式乡村现代化道路具有很好的示范借鉴意义。

　　　　——淘宝天猫集团乡村振兴研究中心主任　左臣明

序 言

乡村振兴需要中国特色理念与实践

孔祥智

中国人民大学教授、博士生导师，中国合作社研究院院长

中国共产党第十九次全国代表大会提出了乡村振兴战略，即"产业兴旺、生态宜居、乡风文明、治理有效、生活富裕"，内容全面，包括了农业农村发展的方方面面。实际上，按照党的十九大报告精神，乡村振兴和农业农村现代化是一个硬币的两个面。乡村振兴是中国特有的术语，是我国经济发展到一定阶段后城乡关系和农业农村政策的总和，我不同意说美国的乡村振兴、日本的乡村振兴等，不是说从字面意思上看其他国家乡村发展不存在"振兴"的阶段，而是说别的国家没有这样的语境。不看语境，单纯看字面含义是没有学术及政策价值的。当然不是说其他国家乡村发展的经验不值得我们借鉴，而是强调中国特色。

中国特色的农业农村现代化，除了制度特色外，更重要的是文化特色，从更广泛的意义上讲，文化也是一种制度，是非正式制度。2018年9月21日，习近平总书记在中共中央政治局第八次集体学习时强调，我国农耕文明源远流长、博大精深，是中华优秀传统文化的根，要在实行自治和法治的同时，注重发挥好德治的作用，推动礼仪之邦、优秀传统文化和法治社会建设相辅相成。在2022年中央农村工作会议上，习近平总书记在讲话中强调了农业强国的中国特色，认为："所谓中国特色，就是立足我国国情，

立足人多地少的资源禀赋、农耕文明的历史底蕴、人与自然和谐共生的时代要求，走自己的路，不简单照搬国外现代化农业强国模式。"根据自身的国情农情形成具有中国特色的乡村振兴模式，是路径依赖下的内生性发展模式，动力强劲，潜力足，后劲大。

　　钱乘旦先生在他主编的《世界现代化历程》中谈道："世界现代化首先表现出巨大的共性，即相似性，是共性使'世界现代化'得以成立。但现代化在世界各地又有不同——道路不同，经历不同，模式不同，表现方式不同，成功与失败不同，经验与教训不同——这些都是现代化的特殊性。特殊性在不同国家和地区都可能表现，由于其文化背景不同，历史传统不同，置身于其中的当事人不同，时代与社会环境各不相同，主观与客观的因素相互交织，就演绎了世界现代化的多种途径，也就是人们所说的不同'模式'。"钱先生这段话表明，一个国家和地区，由于文化传统和国情不同，现代化模式呈现出极大的差异性。美国历史学家马丁·威纳在其名著《英国文化与工业精神的衰落：1850—1980》中指出："现代化从来都不是一个简单的、轻而易举的过程。"他认为，英国的特有文化传统是其工业革命成功的原因，但英国的贵族传统本质上是反工业文化的，工业家本身也未能免受这种反工业文化的影响，而且地位越高，所受到的影响也就越深，从而也就越有可能被上流社会所接纳。这样，社会的整体性与稳定得到了保证，代价却是工业精神的衰落。可见，文化是一把双刃剑。威纳先生的研究成果，加深了我们对于英国模式现代化的理解。这个研究框架对于分析我国不同地区乡村振兴模式的形成和演进同样具有借鉴意义。

　　根据我国的国情农情，实施乡村振兴战略或者党的二十大提出的农业强国战略，首先要解决的必然是十四亿人口的吃饭问题，中国人的饭碗必须牢牢端在自己手里，我们的饭碗里应该主要装中国粮。在这方面，没有办法算经济账。正如习近平总书记所说："粮食多了是问题，少了也是问题，但这是两种不同性质的问题。多了是库存压力，是财政压力；少了是社会压力，是整个大局的压力。"其次是在大国小农的国情农情下解决农业现代化问题，也就是党的十九大报告提出的"实现小农户与现代农业发展有机衔接"，把2亿多小农户纳入现代化轨道，而不是排斥他们。习近平总书记在2018年中央农村工作会议上讲话的题目就是《走中国特色社会主义乡村振兴道路》，我理解，接纳小农户而不是排斥小农户就是"社会主义乡村振兴道路"的特征之一。再次是充分汲取乡村治理传统和文化资源，自治、法治、德治有机结合，加强和创新农村社会管理，加快推进乡村治理体系和治理能力现代化。

不同国家的现代化模式不一样，同一个国家的不同地区由于文化传统、资源禀赋的差异，现代化模式也会呈现出一定的特点。我国是一个超大规模的人口大国，地域辽阔，民族众多，各地的乡村振兴正在呈现出丰富多彩的样式，对各地的实践进行总结，就可能形成可供其他地区参考、学习和借鉴的模式。这些异彩纷呈的模式正在有效地解决上述三个问题中的一个或几个，正在稳步推进全国的乡村振兴。改革开放40多年来，各地的农业主导产业基本形成，尤其是近10年来以产业扶贫为主要特征的脱贫攻坚，贫困地区的农业主导产业颇具特色且具有旺盛的发展潜力，各地正在围绕主导产业打造品牌和产业链，农业现代化的雏形基本形成，这是各地乡村振兴的基础，从而形成了各具特色的乡村振兴初始模式。生活在这个时代，能够亲身参与各地红红火火的乡村振兴实践或者至少进行参与式观察，是学人之幸。

娄向鹏、郝北海先生的《乡村振兴　品牌引领：中国特色乡村振兴的路径、方法与实践》即将付梓，嘱我作序。这是中国人民大学品牌农业课题组系列研究成果的第六本专著。前五本我或者写了书评，或者写了序言，这本也不应例外。乡村振兴需要强大的产业品牌支撑与驱动。"乡村振兴，品牌引领"，这正是作者的核心观点，作者还结合了20余年的实践和思考，探索和总结出了中国特色乡村振兴的基本路径与方法，值得参考。衷心希望作者在品牌农业研究领域取得更多、更有创新性的学术成果，为我国的乡村振兴贡献一分力量。

是为序。

前 言
FOREWORD

乡村振兴进入新阶段，九大战略认知是关键

乡村振兴是历史命题，也是时代课题，更是重大国家战略。

从2018年开始至今，乡村振兴的第一个五年计划已顺利完成。福来咨询认为，从新一届中央领导集体和国家机构领导人的换届完成以及国家乡村振兴局的机构改革开始，乡村振兴战略也将步入新阶段：迎来从理念到实践，从政策到执行，从输血到造血，从硬投入（水、电、路、气、网、景、厕等）到软建设（产业、企业、人才、科技、品牌等），从观望呼唤到躬身入局的五大重要变化。

在这至关重要的新阶段，各级党政领导及企业家朋友，一定要具备顶层认知，做好顶层设计，站在时代的高度、发展的角度和战略的深度上来重新认识乡村振兴的历史意义和现实价值，从中找到工作和事业的支点，在乡村振兴的伟大进程中建功立业。

一、乡村振兴是百年变局中的战略红利

习近平总书记指出，从世界百年未有之大变局看，稳住农业基本盘、守好"三农"基础是应变局、谋新局的"压舱石"。乡村振兴是新时代做好"三农"工作的总抓手。这是重大国家战略研判和决策。昭示着乡村振兴成为百年变局中的稀缺性基础性国家战略红利。

中央明确了实施乡村振兴战略的目标任务：到2050年，乡村全面振

兴，农业强、农村美、农民富全面实现。由此推演，乡村振兴至少还有近30年的战略红利期。

据了解，要落实乡村振兴战略规划的重点任务，要投入数十万亿元资金。按照著名"三农"专家温铁军教授的提法，乡村振兴将形成继大规模基本建设投资（第一资产池）和城市房地产（第二资金池）之后的"第三资金池"。仅中国工商银行就公开承诺每年将在乡村振兴领域融资投入不低于一万亿元。总体而言，乡村振兴投资规模之大、发展力度之大史无前例。这些投资既是实现农业农村现代化（乡村振兴的总目标）的物质条件保障，也是促进区域社会经济和龙头企业高质量发展的重要战略契机。

2020年5月11日，习近平总书记在大同考察时指出，希望把黄花产业保护好、发展好，做成大产业，做成全国知名品牌，让黄花成为乡亲们的"致富花"。借助乡村振兴的东风，近年来，大同市整合各种资源和资金，推动大同黄花扩量提质增效，全产业链产值由18.4亿元增加到40亿元，带动13.2万人增收致富，"大同黄花"正日益成长为乡亲们致富的"振兴花"。2023年，大同市联手福来咨询进行战略品牌顶层设计，通过品牌强花，再次引领产业升级，做强做大黄花产业，进一步培育引领大同区域社会经济高质量发展的新动能。

广药集团王老吉公司积极响应产业扶贫和乡村振兴号召，深入挖掘贵州刺梨品类价值，开发出以刺梨为原料的刺柠吉系列产品，并成功实现全国销售10亿元，带动千年野生刺梨的产品化、市场化和产业化进程，成为王老吉凉茶之后的又一明星产品，也为王老吉大健康事业打开发展新格局。

万达集团利用自身优势，在贵州大手笔投资建设丹寨万达小镇，不仅成功帮助全县数十万贫困人口实现了脱贫，还为万达带来了显著的社会效益和经济价值。五粮液集团则将乡村振兴与公司主业深度挂钩，构建"五粮液＋特色产业基地＋农户"模式，以产业化思维发展特色富民乡村产业，打造出农民增收、农业增效、农村增绿的乡村振兴示范标杆。

2023年中央一号文件首次明确指出"发展预制菜产业"，作为乡村振兴的有力抓手，地方政府和龙头企业纷纷抢抓预制菜产业风口。2022年，曾投资松粮集团的格力电器高调进军预制菜装备产业，未来珠海市将支持格力电器牵头打造1000亿元规模的预制菜装备产业联盟，培育新的战略增长极。

乡村振兴，是责任，也是机遇；是担当，更是发展。某种意义上讲，也是我们反哺乡村、有机增长、拯救自己的路径。

二、乡村振兴是"一把手"工程

中央明确要求，党政"一把手"是第一责任人，五级书记抓乡村振兴。县委书记要下大气力抓好"三农"工作，当好乡村振兴"一线总指挥"。

乡村振兴作为"三农"工作的总抓手，有诸多大事要办，过程中难免遇到观念认知、决策流程、资金支持、部门分割、资源整合等困难和问题。特殊时期，特殊任务，这就需要各级党政"一把手"和企业"一把手"亲自担纲，主动谋划和推动，力度、效率、效果才能得到最大化保障。必要时更要打破常规，特事特办。这也是对"一把手"远见、担当、勇气和魄力的考验。同时，作为"一把手"，只要程序合法，就要敢于决策，勇于担当，有所作为。

广西横州把茉莉花列为乡村振兴的首位产业，在市委书记黄海韬的直接参与和亲自推动下，高效决策，从举办品牌农业大讲堂到引进福来咨询进行战略品牌顶层设计，再到创办世界茉莉花大会和招商引资等，都亲自推动，参与项目的每一次重要讨论和决策。在黄海韬书记的直接推动和深度参与下，横州茉莉花品牌建设速度快、效益高，连续举办四届世界茉莉花大会，成功打造成世界茉莉花产业中心和世界茉莉花都；横州茉莉花（茶）品牌价值218亿元，蝉联广西最具价值农产品品牌；产业综合产值突破143亿元，成为乡村振兴、产业兴旺和品牌强农的"横州样板"。

企业也一样。云天化集团是中国绿色化工和新型材料领域的领军企业（年营业收入800亿元，年利税80亿元），在张文学董事长的亲自主导和推动下，结合国家乡村振兴战略、云南推进高原特色现代农业与绿色发展部署，从2018年开始进军现代农业，并引入福来咨询，为云天化现代农业板块（大米、蔬菜、花卉）进行顶层设计，在战略、品牌、模式、路径上深度研讨，高效决策，先后建成勐海香米产业园区、云南绿色农业高新技术产业示范区（GAP）、粤港澳大湾区菜篮子技术示范园等重大项目，为云南乡村振兴和农业高质量发展注入强大能量，也为云天化集团打开了绿色可持续发展的战略转型升级之道。

"一把手"的重视程度，是决定乡村振兴成败的关键。

三、产业兴旺是乡村振兴之本

习近平总书记在2022年中央农村工作会议上强调，产业振兴是乡村振兴的重中之重，要落实产业帮扶政策，做好"土特产"文章。

为什么许多地方产业有特色，基础也很好，却发展后劲乏力、不可持续？一个很重要的原因是战略没有寻好战略之根。这也是很多乡村产业发展容易走向的误区。

福来咨询认为，战略要有根。根深，方能叶茂！没有根的战略，想法多，做不强，长不大。战略有根，经营不纠结，资源不浪费，竞争更有力。

战略之根是基于社会及市场生态环境做出的根本性抉择，是产业生存和发展的根基，是安身立命的事业底盘。它明确了做什么、不做什么，先做什么、后做什么。然后围绕战略之根，再进行目标设定、路径规划，形成清晰可持续的产业发展蓝图。

依托得天独厚的葡萄种植优势，法国波尔多地区大力发展葡萄酒产业，成为"世界葡萄酒之都"，"波尔多葡萄酒"品牌享誉世界。瑞士爱蒙塔尔以蜂窝奶酪产业为特色，做足"奶酪"的历史、生产、品牌、体验的文章，实现农牧业、文化和旅游业的完美融合，成为瑞士乡村振兴的样本和缩影。

兴安盟位于黑吉蒙三省交界，并且处在上游，上风上水。兴安盟大米，品质上乘但不为人知。战略应根植于何处？福来咨询团队为兴安盟大米确立了"东北上游的生态大米"的战略之根，品牌口令"东北上游，净产好米"。通过品牌带动，兴安盟大米连续两年实现量价齐升30%以上，成为中国大米新势力，并且高效建立了兴安盟的生态价值产区优势，进一步带动八大主导产业的高质量发展。2022年，国家知识产权局推出《地理标志助力乡村振兴典型案例汇编》，"兴安盟大米"作为内蒙古唯一入选的地理标志得以向全国推广。

县域是实施乡村振兴战略的主战场，以县域为载体，选好主导产业和特色产业，重点发展"一县一业"，以品牌建设为抓手，推动产业高质量发展，推动巩固拓展脱贫攻坚成果，这样乡村振兴才能真正的可持续发展。"一县一业"不搞大而全的多品类品牌是关键。一定要先聚焦人、财、物打造一个主导产业，如洛川苹果、汝阳红薯、容县沙田柚等。

江苏省盱眙县围绕一只虾，不断做强做大龙虾特色产业，壮大龙虾经济，发展成集科研、养殖、加工、餐饮、冷链物流、节庆、旅游于一体的完整产业链，并引进福来咨询打造区域公用品牌，经济总产值达181亿元，品牌价值215.51亿元（全行业第一）。全县有超过20万人从事龙虾产业，在国内外共开设盱眙龙虾连锁店超2000家，谱写了火红的"龙虾传奇"，走出了"一虾先行、诸业并进"的特色产业发展之路。

如何在保障粮食安全的基础上高效增加农民收入？河南省临颍县着力推进"麦椒套种，全产业链发展"模式，并通过将5G、物联网、大数据、人工智能等应用于全产业链，推动辣椒全产业链数字化升级，打造"数字辣椒之都"。同时联手福来咨询实施公用品牌战略，用品牌为产业塑造灵魂和价值，走现代农业高质量发展之路。目前，临颍县辣椒种植面积44万亩，并成功引进海底捞、老干妈、卫龙等企业，年交易额达55亿元，带动12万人就业增收，成为推动乡村振兴的支柱产业。

总之，产业兴旺是解决农村一切问题的前提，只有产业兴旺了，农民才能有好的就业、高的收入，农村才有生机和活力，乡村振兴才有强大的物质基础和可持续发展的源源动力。

四、区域公用品牌是战略抓手

产业兴旺从何抓起，其标志是什么？福来咨询认为，一定是品牌！品牌是市场供给与需求的价值载体，产业兴旺要用品牌经济贯穿和引领。没有品牌，农产品就无法实现从产业优势转换成市场价值；没有品牌，消费者面对优质产品也不识。所以，品牌是带动整合乡村产业发展的根本抓手，是让绿水青山成为金山银山的金钥匙。

农业农村部印发的《农业品牌精品培育计划（2022—2025年）》指出，为充分发挥农业品牌对全面推进乡村振兴、加快农业农村现代化发展的重要作用，启动实施农业品牌精品培育计划。

农业品牌有三种类型：区域公用品牌、企业品牌和产品品牌。其中区域公用品牌是产业兴旺的直接抓手，为产业、企业和产品赋能。2023年中央一号文件明确提出，支持脱贫地区打造区域公用品牌。

遗憾的是，不少人的农业品牌观念还停留在产品思维、文化思维、广告思维和设计思维上，品牌没有和消费者关联，没有形成差异价值。品牌普遍缺少灵魂，导致人财物浪费，广告传播打水漂。

福来咨询认为，每一个区域公用品牌都要有灵魂，魂立则心动。没有灵魂的品牌，如行尸走肉，难以存活于心。品牌就是要有血、有肉、有灵魂！

品牌灵魂是福来咨询在品牌领域首提的概念，它基于对消费集体意识的洞察，直击消费者的强大心智共鸣和消费动因，是决定品牌现实与未来的竞争原力。

以宁夏枸杞为例。宁夏是"枸杞之乡"。2020年6月，习近平总书记在宁夏考察时强调，要加快建立现代农业产业体系、生产体系、经营体系，让宁夏更多特色农产品走向市场。但近些年以青海、新疆、甘肃为代表的枸杞产区，对宁夏枸杞带来的冲击和挑战，怎么办？

宁夏作为药用枸杞唯一的原产地，是千年中医的不二之选，自古被冠以道地之名。同时，"道地"是药材采买的第一心智关键词，是获得消费心智认同的杀手锏，携"道地"以令诸侯，是成就宁夏枸杞领导地位的不二法门。因此，福来咨询为宁夏枸杞塑造的品牌灵魂就是"道地"，用"道地"的品牌灵魂构建起坚实的竞争壁垒，其品牌口令"宁夏枸杞，贵在道地"，一语道破"天机"，一句顶一万句，为宁夏枸杞的高质量发展注入了强大而恒久的价值能量。

柳州市三江县是中国名茶之乡，其茶叶生态品质出众，平均上市时间比其他产区提前20天，这是非常稀缺的产业价值，但一直苦于没有品牌，成了闽浙粤等茶商的低价原料茶。从2020年开始，福来咨询为三江茶叶确立了"早春茶"的品牌灵魂，品类品牌化、品牌品类化，建立基于区位和生态的永恒价值，并创作了品牌口令"三江早春茶，敢为天下先"。通过成功承办第十七届中国茶业经济年会，三江早春茶迅速提升品牌知名度和影响力，成为中国早春茶首席代表，茶青均价提高30%～50%，上市价格高达120元/千克（原来70～80元/千克），史无前例。真正用品牌为产业增值、企业增效、农民增收，引领产业兴旺，推动乡村振兴。

需要特别说明的是，区域公用品牌建设必须实名制！这是福来咨询反复强调的基本原则。"产地＋产品"，这是区域公用品牌命名的基本逻辑。一定要"真名、实名、地名"，杜绝"艺名、假名、虚名"。

五、联合体企业是破局之道

中国乡村产业最大的短板是什么？中国是大国小农，乡村产业基本面依然是高度分散的小农经济，市场经营主体弱小散，能力和资源有限，组织化程度低，质量不稳定，产业群龙无首，这样做出的产品很难真正打造成品牌。怎么办？

政府主导，企业主营，双轮驱动！

在政府主导打造区域公用品牌的同时，构建、培育联合体企业，代表产业和品类进行市场经营，使之成为产业和品类的中坚力量和"带头大哥"，成为区域品牌建设和产业兴旺的载体和主体。

联合体企业是由龙头企业、中小企业、合作社和家庭农场组成，以区域公用品牌为基础，以分工协作为前提，以规模经营为依托，以利益联结为纽带，以企业品牌为抓手，将分散的生产者整合到一起，实现专业化分工、标准化管理和产销一体化。福来咨询形象地称之为"产业航母"。

众所周知，猕猴桃是中国特产，但全球最知名、卖得最贵和最好的却是新西兰佳沛奇异果。事实上，奇异果就是猕猴桃，是新西兰100多年前从中国引种到新西兰种植的。其成功源于2700多户果农在政府的支持和帮助下，组建了一个联合体平台——新西兰佳沛奇异果国际行销公司，通过对品种、生产、包装、冷藏、运输及市场营销等环节的整合，形成紧密的利益共同体，集中打造"佳沛"一个品牌，成就世界第一的产业地位和品牌成就。

美国爱达荷土豆的成功，也是双轮驱动的典范。首先是政府主导打造爱达荷土豆区域公用品牌，同时培育出蓝威斯顿和辛普劳两大全球联合体企业，开发出大场景、大单品，推出薯条超级品类，将爱达荷土豆一举带向全球，成为全球农业品牌的成功典范。

榨菜，这一看似毫不起眼的佐餐小菜，对重庆涪陵而言却是享誉百年的支柱产业。涪陵全区青菜头种植面积73万亩，产业总产值逾150亿元，惠及全区60余万名农民，让"青疙瘩"变成了群众增收致富的"金疙瘩"。其成就的背后，是政府很早就组建了重庆市涪陵榨菜集团这个国有控股的市场经营主体，并通过体制和机制创新，打造了"乌江"品牌，成为"中国榨菜第一股"。

仲景食品立足西峡香菇产业，在福来咨询的协助下，通过成功开发和推广仲景香菇酱大单品，成为行业第一股，并带动了西峡香菇产业的品牌化、价值化和产业化发展。如今西峡50%的农民从事香菇相关产业，农民纯收入的60%源于香菇产业，香菇产业综合效益达150亿元，出口量全国第一。西峡成为全国香菇的集散中心、价格中心和信息中心，西峡香菇成了名副其实的"富民菇"。

从根本上说，中粮集团、伊利集团、首农食品集团、云天化集团等中央或地方国有企业（包括以北大荒为代表的农垦企业），承担的正是国家或区域的农业发展联合体的重任，未来在乡村振兴的大业中，它们必将发挥更大的示范和引领作用。

需要提醒的是，决定联合体企业成败的"命脉"是市场化。只有做到观念市场化、机制市场化、团队市场化，真正以市场为中心，获得消费者认可，取得市场成功，联合体企业才能步入自身造血、健康发展的轨道，才能拥有真正的产业整合、带动与引领能力。否则，一切都是空谈。

六、融合发展是必由之路

乡村振兴是一项前无古人的伟大创举，是包括产业振兴、人才振兴、文化振兴、生态振兴、组织振兴在内的全面振兴。乡村振兴不能就乡村论乡村，必须走融合发展之路。

融合发展要敢于打破城乡界限，打破产业界限，打破部门界限，破界破圈、集群成链，使各类资源要素在市场化作用下通过有效配置，提高资源利用率，全面推进乡村振兴。在融合之中，融出合力，融出动力与活力。

法国格拉斯小镇被誉为"世界香水之都"，生产了法国2/3的天然芳香。知名香水品牌如LV、迪奥、香奈儿等均在这里设立研发中心。目前格拉斯形成集香水制造、研发教育、香水文化体验、花田观光等产业为一体的香水产业集群。大量游客及香水爱好者奔赴而来，不足50平方公里的小镇，每年接待旅游人数达200多万人次。

信阳市浉河区是中国十大名茶"信阳毛尖"的原产地和核心产区，福来咨询创造性提出以"五云两潭一寨"为支点，将生态茶资源价值化、体验化、品牌化，并创意设计了一个价值连城的名字——信阳毛尖521。每一片信阳毛尖521，都是源自"五云两潭一寨"全程可追溯的高端信阳毛尖，更重要的是，还抢占了"世界茶日521"、超级公共资产"521"（我爱你），三位一体、天赐浉河、神来之笔。通过品牌引领，构建以高端信阳毛尖为引擎的中国茶文旅产业集群。

2019年国家发改委、农业农村部等18个部门联合印发《国家城乡融合发展试验区改革方案》，强调要以协调推进乡村振兴战略和新型城镇化战略为抓手，以工促农、以城带乡。

横州茉莉花是产城乡融合的杰出代表。横州以国家现代农业产业园为支点，推进茉莉花生态园和茉莉小镇建设，打造"茉莉闻香之旅"全域旅游品牌，以产兴城、以城带乡、以乡促产，产城乡融合。2020年，横州旅游接待人数达434.66万人次，消费总收入38.95亿元，逐步探索出一条"以花为媒、品牌引领、产业兴旺、四园共治、共同富裕"的乡村振兴的"横州样板"。同时，在品牌上也实现了区域公用品牌、产业品牌、城市品牌和乡村振兴品牌四位一体的融合与统一。

福来咨询认为，乡村振兴，融合发展，可积极探索实施"农文旅融合、三产融合、产城乡融合、科技融合"四大融合，实现"生态、生产、生活、生意"四生合一，融合共振，共同富裕。这是乡村振兴五位一体的最高级形式，也是乡村振兴的理想模样。

七、集中力量才能办成大事

品牌强，则产业旺。产业兴旺离不开强大的品牌，但在产业品牌建设推广上，政府和企业能够投入的人财物资源总是有限的，还要有影响力和效果，怎么办？福来咨询主张要集中力量办大事，围绕战略之根与品牌灵魂，集中力量于一点，进行激光穿透式传播，这是取得胜势的第一法则。然而四面出击，平均用力，结果往往是不疼不痒。

美国爱达荷土豆的成功，是激光穿透的典范。每年的9—10月举行的爱达荷土豆日，至今已持续近百年。在这场以土豆为主题的狂欢中，有土豆日大游行、烹饪大赛、挖土豆世界冠军赛等活动。每年2月，是爱达荷的"土豆爱好者月"，通过行业论坛、产品推介、文娱表演、比赛评选、参观体验、免品促销等一系列活动，不断宣传产品，塑造和提升品牌。

区域公用品牌的传播对象包括"政、商、研专业人群＋大众消费群体"，大会营销集产业会议、资源整合、招商引资、品牌传播于一体，是最精准、最高效的方式。同时会议传播方式，政府部门更熟悉，也有更多资源，也更易上手。

横州作为中国茉莉之乡，创办了中国茉莉花文化节和全国茉莉花交易博览会两大行业盛会。为了打造世界茉莉花产业中心，抢占世界行业话语权，福来咨询建议两会合一会，提档升级，创办世界茉莉花大会并成功举办四届，通过品牌化、国际化，嫁接世界元素，成就"世界茉莉花都"，并从第二届开始纳入东盟博览会官方议程，实现了从横州战略到广西战略乃至国家战略的跨越。

围绕"草原酸奶"的战略之根，福来咨询为兰格格乳业进行系列战略配套设计，并集中有限资源创办中国草原酸奶大会，形成大声势、创造大影响，打造中国草原酸奶领域的"达沃斯论坛"。通过发布中国草原酸奶《乌兰察布宣言》、益生菌专利成果，举办草原酸奶免疫论坛、科技发展论坛，开展草原酸奶之旅，打造"中国草原酸奶之都""草原酸奶小镇"等战略举措，夯实草原酸奶引领者地位，推动草原酸奶产业高质量发展，探索乌兰察布乡村振兴新路径。

聚焦产生力量，一个大会，成就一个品牌，引领一个产业，推动一方振兴。这是品牌传播和产业兴旺的"真经"。

八、战略性投入才有战略性产出

乡村振兴，品牌引领。只有建立了强势品牌，才有附加值、话语权和持续收益，形成产业兴旺、乡村振兴和巩固脱贫攻坚成果的长效机制。但在创品牌阶段，需要战略性投入，就像飞机在起飞时最费油一样。

所以，福来咨询强烈建议，"一把手"要跳出单纯的短期财务指标，站在对未来负责、对产业负责、对企业负责的高度，站在乡村振兴和区域社会经济高质量发展的战略高度上，加大对乡村振兴品牌建设的战略性持续投入力度。守正笃实，久久为功。

为发展蔬菜产业，抢占行业制高点，山东寿光于2000年起举办中国（寿光）国际蔬菜科技博览会，截至2022年已经成功举办23届，其规格高、规模大，成为世界级蔬菜行业的盛会和交流平台。同时，寿光市创建了全国蔬菜质量标准中心等12家国字号农业研发平台，构建起全产业链标准体系，全面导入物联网技术，自主研发蔬菜品种160个，成功入围蔬菜种业发展国家战略。持之以恒的战略投入，推动寿光成为名副其实的"中国蔬菜之都"。

盱眙龙虾之所以年综合产值突破181亿元，关键是盱眙县委县政府22年如一日敢于进行战略性投资、大手笔产业规划和品牌策划，坚持高规格举办盱眙龙虾节、大气魄创造万人龙虾宴、建立龙虾培训学院、推广虾稻共生种养模式，走进北上广、远赴美欧澳进行产业推介和招商引资，建设龙虾小镇，培育龙虾产业生态，造就了百亿级富民产业。

当然，很多人会问，钱从哪来？其实目前最突出的问题有三个：没钱花、不敢花、不会花。很多地方在修路、建厂、盖房子等方面敢于投入，但在品牌建设上往往拿不出钱，或有钱也不敢花、不会花；有的地方甚至还出现了国家"三农"奖补资金花不出去的怪现象。

所以，首先要善于"找到"产业发展资金。习近平总书记强调，把农业农村优先发展的要求落到实处，要在干部配备上优先考虑，在要素配置上优先满足，在资金投入上优先保障，在公共服务上优先安排。

《中共中央　国务院关于实施乡村振兴战略的意见》也明确要求，建立健全实施乡村振兴战略财政投入保障制度，公共财政更大力度向"三农"倾斜，确保财政投入与乡村振兴目标任务相适应。2023年中央一号文件更是强调，中央财政衔接推进乡村振兴补助资金用于产业发展的比重力争提高到60%以上，重点支持补上技术、设施、营销等短板。

除了地方必须列支的"三农"财政支出，还要善于整合国家和上级政府每年在乡村振兴、产业兴旺、农产品深加工、一二三产业融合、冷链物流、种业研发、金融支农、电子商务、生态保护、农村基础设施建设、村集体发展、产业园区建设等方面的政策和资金支持，如国家现代农业产业园创建中央财政原则上每个奖补1亿元。

同时，要敢于在品牌建设上花钱。系统策划、资源整合、品牌传播、市场对接都需要花钱。只要公正廉洁、程序合法，只管大胆去花、勇敢去干，这才是真正的"守土有责、守土负责、守土尽责"。

九、做好顶层设计，才能不走弯路

习近平总书记强调，全面实施乡村振兴战略的深度、广度、难度都不亚于脱贫攻坚，必须加强顶层设计，以更有力的举措，汇聚更强大的力量来推进。

乡村振兴产地依赖性强、产业链条长、投资周期长、综合风险高，必须首先做好"顶层设计"，明确发展的逻辑和路径，对产业的根基与边界、资源配置进行通盘考量和决策。所以，福来咨询常说，乡村振兴没有捷径，做好顶层设计，不走弯路、错路，就是最大的捷径！

乡村振兴是"三农"工作的抓手，产业兴旺是乡村振兴的抓手，品牌强盛是产业兴旺的抓手。福来咨询倡导的"三个抓手"明确了乡村振兴的基本逻辑。

法国最早从顶层设计上制定了最全面和完善的地标保护制度——原产地名称保护制度，推动了以波尔多葡萄酒、香槟酒、干邑酒为代表的诸多法国土特产取得了全球化的成功。日本政府则通过"第六产业"发展"一村一品"运动，把产加销融为一体，提高流通效率，实现产品增值，加速了日本农业产业化发展，推进了日本现代农业和乡村振兴的进程。

国家层面推进乡村振兴需要宏观的规划和指引，地方产业和企业更需要做好顶层设计。

福来咨询为宁夏枸杞规划的"以药用枸杞为核心的枸杞大健康产业集

群"的战略之根，"贵在道地"的品牌灵魂，以及绝妙的品牌LOGO、传神的品牌图腾"杞宝"、激光穿透式的品牌传播，为宁夏枸杞战略定向、品牌定魂，为产业高质量发展保驾护航，推动宁夏枸杞从"老大"迈向"伟大"。

在内蒙古，福来咨询不仅为兰格格乳业制定了"草原酸奶"的战略品牌顶层设计，以及"内蒙古第三、中国第一"*的战略目标，也明确了发展路径、关键要素、传播模式和资源配置，更持续进行战略体检、战略宣讲、战略纠偏等贴身护航工作，共同孵化"中国草原酸奶第一股"。同时，与乌兰察布市政府联合打造"中国草原酸奶之都"，实现双轮驱动、协同发展。

乡村振兴，产业先行，品牌引领；政府主导，企业主营，双轮驱动；战略寻根，品牌找魂；激光穿透，聚焦传播；产业联动，融合发展。这是最符合中国国情的乡村振兴之路，也是最大的捷径。

最后特别强调的是，乡村振兴和品牌建设是百年大计，顶层设计要一步到位、一次做对。如果路径和方法不对，执行越到位则偏差越大。有必要导入有学术高度和实战深度的专业品牌农业咨询机构进行顶层规划，选对合作伙伴，就等于成功了一半。千万不要因为个人认知及人情关系等问题，影响了与高水准外脑的合作。

---

* 指体量做内蒙古第三，草原酸奶做中国第一。

目 录
CONTENTS

中篇　样板案例 / 079

好一朵横州茉莉花："乡村振兴，品牌引领"的横州实践

下篇　专题报道 / 145

上 篇
基础理论

XIANGCUN ZHENXING PINPAI YINLING

第一章
底层逻辑：乡村振兴战略的"三个抓手"理论

民族要复兴，乡村必振兴。

2017年10月18日，党的十九大报告第一次提出了实施乡村振兴战略。

2017年12月28日，在中央农村工作会议上，习近平总书记首次提出走中国特色社会主义乡村振兴道路。

2021年中央一号文件指出，要举全党全社会之力全面推进乡村振兴，发出了全面推进乡村振兴的总动员令。

2022年中央一号文件强调，"三农"工作转入全面推进乡村振兴，这是"三农"工作重心的历史性转移。

2022年10月16日，在党的二十大报告中，提出全面推进乡村振兴，加快建设农业强国。

2022年12月23—24日，在中央农村工作会议上，习近平总书记指出，全面推进乡村振兴是新时代建设农业强国的重要任务，人力投入、物力配置、财力保障都要转移到乡村振兴上来。

2023年中央一号文件首提农业强国，强调中央财政衔接推进乡村振兴补助资金用于产业发展的比重力争提高到60％以上，重点支持补上技术、设施、营销等短板。支持脱贫地区打造区域公用品牌。

乡村振兴是历史命题，也是时代课题，更是重大国家战略。但是，在中国这样一个拥有14亿人口的大国，实现乡村振兴是前无古人、后无来者的伟大创举，没有现成可照抄照搬的经验。

习近平总书记强调，全面实施乡村振兴战略的深度、广度、难度都不亚于脱贫攻坚，必须加强顶层设计，以更有力的举措、汇聚更强大的力量来推进。

新时代中国特色乡村振兴之路到底怎么走？北京福来咨询团队20年专注品牌农业领域研究与实践，坚守中国智慧与国际视野，走遍世界主要农业发达国家，服务众多省市县各级政府和农业龙头企业，与中国人民大学品牌农业课题组共同提炼出"乡村振兴，品牌引领"的根本道路与核心方法，提供乡村振兴战略的福来思考和探索。

底层逻辑："三个抓手"理论

底层逻辑，指从事物的底层、本质出发，寻找解决问题的思维方法。底层逻辑越坚固，解决问题的能力就越强。

2018年3月8日，习近平总书记在参加十三届全国人大一次会议山东代表团审议时指出，实施乡村振兴战略，是党的十九大做出的重大决策部署，是决胜全面建成小康社会、全面建设社会主义现代化国家的重大历史任务，是新时代做好"三农"工作的总抓手。

福来咨询提出乡村振兴战略的"三个抓手"理论：

乡村振兴是"三农"工作的抓手；

产业兴旺是乡村振兴的抓手；

品牌强盛是产业兴旺的抓手。

乡村振兴是"三农"工作的抓手

"三农"是农业、农村和农民的简称。农业是国民经济的基础，农村是广大农民的聚居地，农民是中国人口数量最多的群体。"三农"问题是关系国计民生的根本性问题。

党的十八大以来，习近平总书记多次强调全党要始终高度重视农业、农村、农民问题，必须坚持把解决好"三农"问题作为全党工作重中之重，始终把"三农"工作牢牢抓住、紧紧抓好。

乡村是具有自然、社会、经济特征的地域综合体，兼具生产、生活、生态、文化等多重功能。乡村兴则国家兴，乡村衰则国家衰。新时代我国人民日益增长的美好生活需要和不平衡不充分的发展之间的矛盾，在乡村尤为突出。

农业强不强、农村美不美、农民富不富，决定着全面小康社会的成色和社会主义现代化的质量。实施乡村振兴战略，是从党和国家事业全局出发，顺应亿万农民对美好生活的向往做出的重大决策，是对新时代解决"三农"问题的重大战略决策。

2017年12月28—29日，中央农村工作会议指出，实施乡村振兴战略是中国特色社会主义进入新时代做好"三农"工作的总抓手。随后国家编制出台了《乡村振兴战略规划（2018—2022年）》；乡村振兴写入了国家"十四五"规划纲要，并在第七篇进行专门部署。

2021年中央一号文件指出，要坚持把解决好"三农"问题作为全党工作重中之重，举全党全社会之力全面推进乡村振兴。同年制定出台《中华人民共和国乡村振兴促进法》，为全面实施乡村振兴战略提供有力的组织和法治保障。

务农重本，国之大纲。2022年中央一号文件强调，从世界百年未有之大变局看，稳住农业基本盘、守好"三农"基础是应变局、开新局的"压舱石"。我国已开启全面建设社会主义现代化国家新征程，"三农"工作转入全面推进乡村振兴，这是"三农"工作重心的历史性转移。

党的二十大报告提出，全面推进乡村振兴，坚持农业农村优先发展，巩固拓展脱贫攻坚成果，加快建设农业强国，扎实推动乡村产业、人才、文化、生态、组织振兴，全方位夯实粮食安全根基，牢牢守住十八亿亩耕地红线，确保中国人的饭碗牢牢端在自己手中。

乡村振兴作为"三农"工作的总抓手，已经成为面向未来的重大国家战略。乡村振兴战略概括起来就是20字总方针：产业兴旺、生态宜居、乡风文明、治理有效、生活富裕。

那么，乡村振兴的抓手在哪里？

产业兴旺是乡村振兴的抓手

乡村振兴，关键是产业要振兴。产业振兴是乡村振兴的先手棋，下好先手棋，乡村振兴这盘大棋才会走活。习近平总书记在全国调研时，多次为乡村产业谋思路，为农民致富找门路，为乡村振兴找出路，并多次强调"产业兴旺，是解决农村一切问题的前提"。

大家都知道，瑞士是"钟表王国"，其实瑞士奶酪同样闻名世界。爱蒙塔尔奶酪以瑞士蜂窝奶酪产业为特色，做足"奶酪"的历史、生产、品牌、体验的文章，实现农牧业与文化和旅游业的完美融合，既有绿水青山，也有金山银山。此地是欧洲游的打卡之地，也成为瑞士乡村振兴的样本和缩影。娄向鹏的新著《娄向鹏看世界农业：一本书带你看透全球标杆农业》中对此有专门介绍。

本书作者娄向鹏带队体验爱蒙塔尔奶酪火锅*

1989年，一场由冬暖式蔬菜大棚引领的"绿色革命"从寿光发起。如今，寿光的蔬菜大棚已经发展到了第七代智能物联网"云棚"，书写了乡村振兴的"寿光样板"。

山东省寿光市立足设施蔬菜产业，一二三产业融合，构建产业集群，是目前中国最大的蔬菜生产基地，蔬菜产业年经济总产值达210亿元，农民收入70%以上来自蔬菜产业，农民人均银行存款长期处于全省领先位置，

---

*　本书图片均由作者及北京福来时代品牌咨询有限公司提供。

蔬菜产业被公认为全市人民的"命根子"。2018年，习近平总书记曾两次肯定"寿光模式"。

近年来，全国新建大棚一半以上有寿光元素，"寿光模式"在全国26个省份落地开花，常年有8000多名技术人员在各地指导蔬菜生产。

农民是乡村振兴的主体，也是受益者，"寿光模式"的推广，让农民看到了土地带来的切切实实的财富，农民的积极性、主动性、创造性被充分调动起来，越来越多的农村变得"产业兴旺、生态宜居、乡风文明、治理有效、生活富裕"，与乡村振兴总要求越来越契合。

中国龙虾之都

盱眙县围绕一只虾，深挖一个产业，通过盱眙龙虾区域公用品牌建设，22年来，不断做强做大龙虾特色产业，持续举办龙虾节庆活动，壮大龙虾经济。现年经济总产值达181亿元，品牌价值高达215.51亿元，连续7年位居中国水产类区域公用品牌价值第一。全县已有超过20万人从事龙虾产业，在国内外共开设盱眙龙虾连锁店超2000家，谱写了火红的龙虾传奇。

作为中国小龙虾产业发展的开创者和领航者，盱眙县龙虾产业已发展成为集科研、养殖、加工、餐饮、冷链物流、节庆、旅游于一体的完整产业链，建设以虾稻共生为引领的国家现代农业产业园、以虾稻共育体验为主的霍山田园综合体，新建龙虾博物馆，培育以龙虾为核心吸引物的工业旅游区，推出龙虾文创产品、开发龙虾旅游精品线路，并且引入福来咨询实施区域公用品牌战略，进一步提升产业价值，推动盱眙龙虾成为绿色富民新产业、乡村振兴新途径和实施乡村振兴战略"先行军"。

"你们这里的木耳很出名，靠这个木耳我们脱贫致富，小木耳大产业。"这段话出自2020年4月20日习近平总书记在陕西省商洛市柞水县小岭镇金米村考察时的讲话。如今的小岭镇，小木耳正迸发出前所未有的巨大能量，成为推动乡村振兴和当地高质量发展的重要动力，并带给当地群众对生活的更多希冀。

2021年5月12日，习近平总书记来到南阳考察时强调，艾草是宝贵的中药材，发展艾草制品既能就地取材，又能就近解决就业。我们一方面要发展技术密集型产业，另一方面也要发展就业容量大的劳动密集型产业，把就业岗位和增值收益更多留给农民。

地处南阳的仲景宛西制药，作为中药产业龙头，扛起南阳艾产业大旗，以仲景品牌赓续医圣传奇，以品质提升和品牌建设推进南阳艾草产业高质量发展。作为十五年的战略品牌合作伙伴，福来咨询为仲景宛西制药提供的艾草品牌战略顶层设计已经完成，下一步将助力小小艾草成为名副其实的"富民草""健康草"。

实践证明，产业兴旺是乡村振兴总任务的第一项，是乡村振兴的重要基础和战略抓手。只有产业兴旺了，农民才能有好的就业、高的收入，农村才有生机和活力，乡村振兴才有强大的物质基础。

品牌强盛是产业兴旺的抓手

产业兴旺从何抓起，其标志是什么？福来咨询认为，只有找准坐标、找准方位、找准靶心，一切问题才会有章可循。这个战略抓手就是品牌，也必须是品牌。

品牌是市场供给与需求的价值载体，产业兴旺要用品牌经济贯穿和引领。没有品牌，农产品就无法实现从产业优势转换成市场价值；没有品牌，消费者面对优质产品也不识。所以，品牌是带动整合乡村产业发展的根本抓手，是让绿水青山成为金山银山的金钥匙。

当前全球的消费已经进入了买品牌、卖品牌、用品牌的时代，品牌代表着消费结构和供给体系的升级方向。推进品牌强农，有助于农业由增产导向转向提质导向，促进资本、技术、信息、人才等要素向农业农村流动，加快构建现代农业产业体系、生产体系、经营体系，提高农业全要素生产率，培育农业农村发展新动能，助力农村一二三产业融合发展。

2014年5月9—10日，习近平总书记在河南考察，提出要"推动中国制造向中国创造转变、中国速度向中国质量转变、中国产品向中国品牌转变"。

2015年7月16日，习近平总书记站在吉林省延边朝鲜族自治州光东村稻田同村民们亲切交谈时，提出"粮食也要打出品牌，这样价格好、效益好"，这是品牌农业最接地气的最高指示，开启了中国农业品牌新时代。

习近平总书记2016年和2020年两次视察宁夏时，都对宁夏的枸杞产业发展作出重要指示。福来咨询受邀为宁夏枸杞进行系统的品牌营销战略规划，并在第四届枸杞产业博览会上进行了品牌发布，开启了宁夏枸杞高质量发展的新征程。

宁夏枸杞产业博览会

2020年5月11日，习近平总书记赴山西考察，首站来到大同调研。细致察看黄花产品，习近平总书记指出，"要立足本地实际，大力发展特色产业，把大同黄花做成全国知名品牌，让乡亲们富而忘忧。"

2021年3月，习近平总书记在武夷山燕子窠生态茶园调研时指出，要统筹做好茶文化、茶产业、茶科技这篇大文章，坚持绿色发展方向，强化品牌意识，优化营销流通环境，打牢乡村振兴的产业基础。

2021年4月26日，在广西考察调研的习近平总书记来到柳州螺蛳粉生产集聚区，了解螺蛳粉生产情况，他强调，要把住质量安全关，推进标准化、品牌化。

2022年10月17日，习近平总书记参加党的二十大广西代表团讨论时指出："茶产业大有前途。下一步，要打出自己的品牌，把茶产业做大做强。"

国家高度重视品牌建设，将每年5月10日设为"中国品牌日"。新华社推出民族品牌工程，中央广播电视总台推出了CCTV强农品牌计划，《人民日报》推出人民优品计划，阿里巴巴、京东、拼多多、抖音、快手等也都相继推出品牌强农相关举措。

品牌是信用，品牌是信誉，品牌是信任，品牌是影响力，品牌是竞争力，品牌是号召力。品牌是产业兴旺的抓手。

提起葡萄酒，即使不喝酒的人也不免想起闻名遐迩的法国波尔多。波尔多的水土和气候都十分适宜葡萄的生长，其种植面积位居法国三大葡萄酒产区之首，建有9820家酒庄，是全世界最贵的82年拉菲的产区。波尔多葡萄酒通过品牌驱动以及原产地保护制度，实现了产业提质、农民增收，带动区域高质量发展。

全球10朵茉莉花，6朵来自广西横州。横州是世界最大的茉莉花生产和茉莉花茶加工基地，其茉莉花和茉莉花茶产量均占全国总产量的80%以上，占世界总产量的60%以上。广西横州以花为媒，在福来咨询的协助下，打造横州茉莉花公用品牌，全力推动"茉莉花＋"花茶、盆栽、食品、旅游、用品、餐饮、药用、体育、康养等的"1＋9"产业集群发展，2021年实现一二三产业综合产值143.8亿元，成为品牌强农的典范和乡村振兴的样板。

在河南西峡县，福来咨询协助仲景食品成功推出仲景香菇酱，带动了西峡香菇的品牌化、价值化和产业化发展。如今西峡香菇产业综合效益达150亿元，产品远销美国、日本、俄罗斯等30多个国家，出口量位居全国第一，西峡成为全国香菇的集散中心、价格中心和信息中心。西峡50%的农民从事香菇相关产业，农民纯收入的60%源于香菇产业。西峡通过品牌强"菇"，实现产业高质量发展，从而成为乡村振兴的产业基石。

仲景香菇酱

2021年3月5日，在参加全国两会内蒙古代表团审议时，习近平总书记指出要发展优势特色产业，发展适度规模经营，促进农牧业产业化、品牌化，并同发展文化旅游、乡村旅游结合起来，增加农牧民收入。

2021年6月1日，我国第一部直接以"乡村振兴"命名的法律《中华人民共和国乡村振兴促进法》正式施行，其中第十三条明确指出："推动品种培优、品质提升、品牌打造和标准化生产，推动农业对外开放，提高农业质量、效益和竞争力。"从此，品牌打造，促进乡村振兴有法可依。

农业农村部印发的《农业品牌精品培育计划（2022—2025年）》指出，为充分发挥农业品牌对全面推进乡村振兴、加快农业农村现代化发展的重要作用，启动实施农业品牌精品培育计划。从2022年开始，分品类、分梯次、分年度培育一批产业优势领先、市场空间潜力大、文化底蕴深厚的农业品牌。

2022年7月29日，国家发展改革委、工业和信息化部、农业农村部、商务部等联合发布《关于新时代推进品牌建设的指导意见》。其中指出，品牌是高质量发展的重要象征，加强品牌建设是满足人民美好生活需要的重要途径。要培育产业和区域品牌，支持企业实施品牌战略，扩大品牌影响力，培育一批重点行业和领域精品品牌。

2022年9月19日，农业农村部印发《农业生产"三品一标"提升行动实施方案》，其中专项实施方案《农业品牌打造实施方案（2022—2025年）》指出，打造一批精品农业品牌，树立标杆典范，发挥示范引领。聚焦现代产业园区，以粮食、蔬菜、水果、畜牧、水产、茶叶等为重点，塑强一批品质过硬、特色突出、竞争力强的区域公用品牌，带动一批支撑区域公用品牌建设、促进产业高质量发展的企业品牌，推介一批绿色优质农产品品牌。

农业品牌顶层文件的接连发布，既是指南针，也是及时雨。我国农业农村经济进入高质量发展新阶段，"质量兴农、品牌强农"已经成为转变农业发展方式、提升农业竞争力和实现乡村振兴的战略选择。

总结一下，"乡村振兴，品牌引领"的底层逻辑概括起来就是"三个抓手"：乡村振兴是"三农"工作抓手，产业兴旺是乡村振兴抓手，品牌强盛是产业兴旺抓手。

乡村振兴的总号角已经吹响。"三个抓手"的底层逻辑，明确了乡村振兴的内在逻辑和行动路线图，起引领作用的就是品牌。这是乡村振兴战略的着力点和直接抓手。农业品牌有三种类型：区域公用品牌、企业品牌和产品品牌。

小贴士

区域公用品牌、企业品牌和产品品牌

区域公用品牌，是指特定区域内相关机构、企业、农户等所共有的，在生产地域范围、品种品质管理、品牌授权使用、产品营销与传播等方面具有共同标准和行为规范，共同创建和经过授权方可使用的品牌。其基本构成是"产地名＋品类名"，如涪陵榨菜、信阳毛尖。

企业品牌，是指由一个企业注册、打造和权益独享的代表企业的品牌，如中粮集团、双汇集团。

产品品牌，是指由一个企业注册、打造和权益独享的代表产品的品牌，如福临门、特仑苏。

第二章
根本路径："乡村振兴，品牌引领"的五大意义

众所周知，乡村振兴战略20字方针是：产业兴旺、生态宜居、乡风文明、治理有效、生活富裕。这五项总要求，就好比一个人的五根手指，让五指握在一起形成拳头的力量就是品牌。

2021年11月30日，国家乡村振兴局党组书记、局长刘焕鑫出席中国品牌论坛，在《以品牌意识推进乡村振兴》为题的讲话中明确提出，在新发展阶段，高质量推进乡村振兴，需要深化品牌理念，把品牌意识转化为高质量发展的工作要求，贯穿于乡村振兴的全过程。

乡村振兴，品牌引领。那么，品牌如何赋能，促进乡村五大振兴？

品牌，是产业兴旺的发动机

乡村振兴，产业兴旺是重点。产业要兴旺，抓手在品牌，品牌是产业兴旺的发动机，将产业价值和资产发动起来，为产业充分赋能。

我国有很多农产品产量位居全球第一，但却缺少一批在国际市场上叫得响的国家级品牌，品牌建设滞后已经成为中国农业产业提升国际竞争力的短板。

2020年5月，习近平总书记在大同调研黄花产业时指出，希望把黄花产业保护好、发展好，做成大产业，做成全国知名品牌，让黄花成为乡亲们的"致富花"。近年来，大同市以黄花产业品牌建设为重点，把"大同黄花"作为重点品牌进行打造。从助力脱贫攻坚，到推动乡村振兴，黄花

产业已经成为山西省大同市的一张产业名片，成为乡亲们的"致富花"、乡村振兴的发动机。现在，大同市联手福来咨询进行品牌顶层设计，通过品牌强化，引领产业提档升级，做强做大。

大同黄花

中央农村工作领导小组办公室原主任、十三届全国人大农业与农村委员会主任委员陈锡文指出，在推进城乡一体化、推进农业现代化的过程中，要带着农民做品牌。

农业农村部乡村振兴专家咨询委员会委员、原农业部常务副部长尹成杰在首届中国品牌农业神农论坛上指出，大力发展品牌农业是推动乡村振兴的重要任务。在当今形势下，必须大力实施品牌建设战略，加快品牌农业发展，解决农业"三多一少"的问题，让农民脱贫致富。要大力推进农产品区域品牌建设，要将农产品区域品牌建设看作一个实现农村产业兴旺的过程来打造。

中国人民大学教授、中国合作社研究院院长孔祥智在全球视野下的农业品牌建设高端研讨会发言表示，强农业有很多特征，但强大的品牌一定是最重要的特征之一。在现代社会，品牌是农业产业的灵魂，没有这个灵魂，在国际市场上就没有竞争的资本，就不会有立足之地。

柳州三江县是中国名茶之乡，种植面积21万亩*，种茶历史悠久。三江茶生态品质出众，平均上市时间比其他产区提前20天，这是非常稀缺的价值。但一直苦于没有品牌，成了闽浙粤等茶商的低价原料茶。三江县2020年开始聘请福来咨询进行品牌打造，共同确立了"早春茶"的品牌灵魂，建立基于区位和生态的永恒价值，推出"三江早春茶，敢为天下先"的品牌口令，并通过成功承办第十七届中国茶业经济年会，迅速提升品牌知名度和影响力，成为中国早春茶首席代表，茶青均价提高30%～50%，上市价格高达120元/千克（原来70～80元/千克），真正用品牌带动三江茶产业高质量发展。

三江早春茶

广西横州以花为媒，坚持"标准化·品牌化·国际化"，打造横州茉莉花公用品牌，走"品牌兴农"的新路子，小小的茉莉花做成了大产业，成了横州人民的"致富花"。好品质和好品牌让好产品身价上涨，茉莉鲜花市场最高价突破每千克36元，每亩实现增产100千克以上，每亩增收3600元。

---

* 亩为非法定计量单位，1亩＝1/15公顷。——编者注

2021年，横州全市茉莉花种植面积约12.5万亩，年产茉莉鲜花10.2万吨，有130多家花茶企业，其中规模以上企业30多家，年产茉莉花茶8万吨，全年全市茉莉花(茶)产业综合年产值达143.8亿元。这是横州市抓好品牌建设、培育现代农业发展新优势，推动产业高质量发展结出的硕果。

地处八百里伏牛山的洛阳市汝阳县是全国红薯生产大县，有3万余农户参与，16万亩种植规模，为了实现产业兴旺，助推乡村振兴，联手福来咨询进行汝阳红薯公用品牌打造。在产量过剩、同质化严重的红薯"红海"中，汝阳红薯创新开辟"水果红薯"赛道，更好吃、更好看、更高品质、更高价值，开启"品牌品类化、品类价值化"的产业高质量发展之路。

广西在全国率先建立农业品牌目录制度，打造"广西好嘢"农产品公用品牌，培育了"横州茉莉花""柳州螺蛳粉""灵山荔枝""百色芒果"等一批具有影响力的特色品牌。"创一个品牌、带一个产业、富一方群众"的联农带农效果日益显现。

放眼全球，亦是如此。新西兰奇异果，源于中国的猕猴桃，通过品种改良，品牌引领，高质高价，以"ZESPRI"(中文"佳沛")作为统一品牌在全球销售。2700多名果农按照种植面积与产量的大小共同出资入股，形成紧密的利益共同体，推动新西兰奇异果迈上了高质量发展的高速路，成为世界水果品牌建设和联合体企业的典范，探索出新西兰向海而生的农业品牌国际化之路，让新西兰成为世界上少数几个农业立国并进入发达国家行列的代表。

产业是根基，品牌是引擎。品牌强盛能更好地解决"卖"和"引"。把好产品卖出去，还要卖出好价钱。同时，还要把人脉和资金引进来，从而实现产业提质增效，带动区域经济发展。

品牌是产业兴旺的发动机，是实现产业可持续高质量发展的必由之路。

品牌，是生态宜居的扩音器

绿水青山就是金山银山。2005年8月24日，时任浙江省委书记习近平就生态文明建设提出了著名的"两山"理论。

2020 年习近平总书记在浙江安吉考察时强调，希望乡亲们坚定走可持续发展之路，在保护好生态前提下，积极发展多种经营，把生态效益更好转化为经济效益、社会效益。

2021 年 10 月 12 日，习近平在《生物多样性公约》第十五次缔约方大会中强调，良好生态环境既是自然财富，也是经济财富，关系经济社会发展潜力和后劲。

乡村振兴，生态宜居是关键。生态孕育价值。

一方水土养一方人，一方水土育一方物，独特的地域生态价值是农业高质量发展的基因和重要资产。生态价值的实现，就是要发挥生态优势和资源优势，推进生态产业化和产业生态化，以可持续的方式经营开发生态产品，将生态价值附着于农产品、工业品、服务产品的价值中，并转化为可以直接市场交易的商品。

然而，生态价值不会自动转化成经济效益、社会效益，必须通过产品化、品牌化、市场化的商品和服务进行引领和转化。品牌是生态价值的扩音器，品牌引领有助于构建生态产业链、价值链，推进生态资源优质化、特色化、品牌化、场景化，变生态效益为经济效益和社会效益，实现产业与生态的共建共享，推动人与自然和谐共生，带动生态保护自觉性，实现生态宜居。所以，品牌引领不仅是简单的生态产品营销，而是为整个区域经济社会的高质量发展带来全方位的价值引领。

瑞士拉沃葡萄园被誉为传教士缔造的世界文化遗产，是世界前十大酒庄榜单中唯一被联合国教科文组织列为世界遗产的酒庄。在贫瘠的阿尔卑斯山坡上，用石头垒成一道道石墙，堆积土壤，建成梯田，种上葡萄苗，引水浇灌，因势利导，贫瘠土地变成人间天堂，不仅酿造了世界顶级的葡萄酒，其梯田美景还吸引了世界各地的游客，成为全球"农业＋文化＋旅游"融合发展的产业典范。

瑞士拉沃葡萄园

　　世界牦牛看青海，青海牦牛看玉树。玉树藏族自治州是长江、黄河、澜沧江的发源地，素有"中华水塔"和"世界牦牛之都"的美誉，是中国重要的水源涵养地和生物多样性保护优先区域。

　　如何通过人草畜的生态平衡，实现生产、生活、生态的和谐发展？玉树联手福来咨询打造玉树牦牛公用品牌，用品牌驱动产业，用市场反哺生态，通过玉树牦牛品牌建设，高效传播玉树的生态优势和生态价值，促进生态保护与农牧民增收，实现青藏高原的绿色可持续发展。

　　2022年11月11日，第27届联合国气候大会上，玉树藏族自治州副州长尼玛才仁受邀做了主题发言，向全球介绍了玉树在保护自然生态、应对气候变化中的坚守，得到与会嘉宾的热烈反响，让世界听到了三江源的声音，让全球看到了中国坚持绿色共享的发展理念。

　　2014年1月26日，习近平总书记在内蒙古阿尔山市考察时指出，无论什么时候都要守住生态底线，保护好生态就是发展。

　　兴安盟作为我国北方地区重要的生态功能区和生态服务区，生态是最大的资源和优势。如何把"生态"价值转化为消费语言，赋能兴安盟？

　　福来咨询受邀从兴安盟大米区域公用品牌建设入手。我们认为"净"

是兴安盟生态的极致概括，并创意出"东北上游，净产好米"的品牌口令。一个"上游"，一个"净"字，将兴安盟独特的生态优势转化成产业优势和品牌价值，带动大米产业连续实现量价30%以上的增长。同时，品牌引领，将大兴安岭脚下兴安盟的"水净、土净、空气净"的生态特征与价值，向国人进行了充分传递，从而带动兴安盟八大生态产业的良性发展。

浉河区是中国十大名茶"信阳毛尖"的原产地和核心产区，其中车云山、集云山、云雾山、天云山、连云山、黑龙潭、白龙潭、何家寨，俗称"五云两潭一寨"，名茶产区都在浉河。那浉河是如何打造区域公用品牌的？

打浉河毛尖，另立门户、成本太高、周期太久；打信阳毛尖，失去浉河的品牌主体；打浉河信阳毛尖，品牌层级不清晰，品牌关系不明确。福来咨询提出以"五云两潭一寨"为支点，将生态茶资源私有化、价值化、产品化、品牌化，并创意设计了一个价值连城的名字——信阳毛尖521。每一片信阳毛尖521，都是源自"五云两潭一寨"全程可追溯的高端信阳毛尖。另外，还抢占了"世界茶日521"、超级公共资产"521"（我爱你），三位一体、天赐浉河、神来之笔。通过品牌引领，构建以高端信阳毛尖为引擎的中国茶文旅产业集群，实现生态资源产品化、体验化、价值化，践行绿水青山就是金山银山的发展理念。

信阳毛尖521

乡村振兴，生态宜居是关键。生态产品价值化、品牌化，是生态宜居的重要实现路径。品牌是生态产品的扩音器，通过品牌价值传播，将乡村自然生态、人文生态等资源优势转化为发展优势和市场优势，真正将绿水青山建设成金山银山，使乡村成为众人向往的生态宜居的美好家园。这是乡村振兴的应有之义。

品牌，是乡风文明的留声机

乡村振兴，乡风文明是保障。文明乡风是乡村振兴的重要内容，也是美丽乡村的动人风景。乡村振兴既要"塑形"，更要"铸魂"。习近平总书记指出，实施乡村振兴战略要物质文明和精神文明一起抓，特别要注重提升农民精神风貌。

中华文明根植于农耕文化，乡村是中华文明的基本载体。乡风文明振兴要深入挖掘、继承、创新优秀传统乡土文化，让乡村居民望得见山、看得见水，记得住乡愁；要让有形的乡村文化留得住，要让活态的乡土文化传下去，赋予其新的时代内涵，形成留住乡愁、保存记忆的文化场所。

具体怎么做？以品牌建设为抓手，以产业兴旺为基础，有助于挖掘、传播和保护中华民族悠久的乡村文明、产业文化，弘扬工匠精神、诚信意识和价值取向，唤起文化自觉，彰显文化自信，达成文化共识，带动文化传承与振兴。

一句话，品牌是乡风文明的留声机，能将文化资产和产业价值聚起来，留下来。

2010年，云南红河哈尼稻作梯田系统被联合国教科文组织认定为全球重要农业文化遗产。2020年，红河哈尼族彝族自治州邀请福来咨询打造红河红米区域公用品牌，福来咨询基于"品牌是乡风文明的留声机"的发展理念，为红河红米确立了"可以品味的世界文化遗产"的品牌口令，并为红河红米高质量发展做了系统的顶层设计，进一步通过品牌传递和保护其独特的农耕文化原力。

　　2022年2月28日，由联合国粮农组织驻华代表处出品的纪录片《梯田守望者》正式发布。该纪录片以全球重要农业文化遗产地云南红河哈尼梯田为拍摄地，充分展示了当地劳动人民创造的农耕文明奇观。红河州不断加大对哈尼梯田传统文化的挖掘和传承力度，以哈尼古歌、农耕文化、节日庆典、歌舞服饰、生态美食、建筑风格等非物质文化为重点，通过农文旅融合发展，让这个千年"活态世界文化遗产"迸发出新活力，更好地"活"在当下，生命常青。

红河哈尼梯田

　　过年时张灯结彩、舞狮鸣锣是中国乡村的优良传统文化。家里养橘树、吃沙糖橘更是对大吉大利、甜美生活的追求和享受。这为中国沙糖橘第一县——桂林荔浦市的沙糖橘产业发展提供了最好的文化基础，也为荔浦的乡村振兴和乡风文明建设创造了良好条件。

　　福来咨询基于全国最大的节庆文化和消费场景——春节，以及邓丽君的金曲《甜蜜蜜》，为荔浦砂糖桔创作了"荔浦砂糖桔，过年甜蜜蜜"的品牌口令，以南派舞狮为视觉原型，为荔浦砂糖桔创作品牌图腾——"荔荔"，并以此为载体，将"大吉（桔）大利"、欢庆吉祥的春节民俗文化永久留存、千年传扬。

荔浦砂糖桔区域公用品牌

西湖李家村，地处江西省南昌市进贤县前坊镇，位于乌岗山麓，青岚湖畔，是一座具有600多年历史文化底蕴的古老村庄。利用自然风光与文化资源，别具匠心地将山水文化、农耕文化、民俗文化、红色文化与村庄建设融为一体，打造出一个别样的乡风文化新图景。其中一公里的道德文化墙，成为乡风文明地标。中央电视台中文国际频道拍摄纪录片《记住乡愁，不忘本源》，把西湖李家作为江西省唯一选点，用影音体验乡愁、传承乡愁。

黄花学名萱草，也称"忘忧草""母亲花"。《诗经疏》称："北堂幽暗，可以种萱。"北堂是母亲居住的地方，母亲居住的屋子也称萱堂，萱草就成了母亲的代称。唐代著名诗人孟郊写过一首歌颂母亲的诗《游子》："萱草生堂阶，游子行天涯。慈亲倚堂门，不见萱草花。"古时候当游子要远行时，就会先在北堂种萱草，希望母亲减轻对孩子的思念，忘却烦忧。儿行千里母担忧，这是中国五千年传统文化中最好的乡风文化。福来咨询在为大同黄花做品牌战略规划时，创意"中国母亲节"，打造"忘忧大道"，通过农文旅融合，留住黄花的"忘忧草""母亲花"文化，同时融入乡风文明。这是最好的保护和传承。

横州市打造"光韵横州·香飘世界"亮化工程、江滨公园提升工程等一批独具茉莉花元素的城建项目，开展"好一朵横州茉莉花"品牌主题篮球赛、书画摄影比赛等文体活动，不断提升茉莉花特色文化的传承。

文化自信是一个国家、一个民族最深沉、最持久的力量。实施乡村文化振兴，可以通过品牌深入挖掘区域产业蕴含的优秀思想观念、人文精神、道德规范，同时在保护传承的基础上创造性转化、创新性发展，有利于在新时代焕发出乡风文明的新气象，进一步丰富和传承中华优秀传统文化。

品牌，是治理有效的催化剂

乡村振兴，治理有效是基础。社会治理的基础在基层，薄弱环节在乡村。社会治理创新是乡村振兴的必然要求，乡村治理必须调动起基层群众参与的积极性，通过主体志愿式的社会参与，从整体上提高乡村自治能力。

乡村治理不是一句空话，发展才是硬道理，出效益的治理才是得民心的治理，才能吸引更多人才和资源回到乡村投资、创业或参与管理和社会服务，从根本上改变乡村"空心化、人口老龄化、发展碎片化"的发展"痛点"。

品牌是治理有效的催化剂，通过品牌带动和催化作用，推进乡村资源产业化和价值实现，让乡亲们过上令人羡慕的田园生活，充分发挥农民的创造力，做到实现自我价值，从而进一步促进乡村精神风貌、人居环境、生态环境、社会风气焕然一新。

法国依云小镇因水而闻名世界，培育出世界上最有影响力和附加值的依云水品牌。同时，依云水坚持"一处水源供全球"的理念，将自身的发展与当地水源生态保护和社会治理融为一体。为此依云公司建立了阿尔卑斯山水源地自然保护区，周边500公里内不允许存在任何形式的人为污染。

同时，将水源地周围的村庄组织起来，成立了一个名为ΛPM的协会。该协会出资保护水源地的自然资源，鼓励当地居民大量植树，且不使用化肥，共同参与环境保护。这个举措既保障了依云水的品质和可持续发展，更为当地优美的生态环境做出了贡献。

依云水为依云小镇带来了可观的收入，全镇70%的财政收入来自与依云水公司相关的产业，3/4的居民为水厂员工。在依云品牌效应的催化作用下，形成政府、企业、居民、协会的多元共治机制，为乡村治理提供了可靠的载体和组织形式，保障小镇的治理有效和可持续健康发展。

好一朵横州茉莉花！横州因花而美、因花而兴、因花而名，以茉莉花品牌建设为抓手，通过优化要素配置，促进三产融合，创新实施家园、田园、产业园、生态园"四园共治"，通过建立健全政治引领自治、德治、法治、智治、美治相结合的"五治"乡村治理体系，打造人和居美家园、乡愁甜美田园、发展壮美产业园、各美其美生态园。横州，品牌引领，"四园共治"，产城乡一体，探索出乡村美、产业旺、农民富、治理优的乡村振兴之路。

横州中华茉莉园

近几年很火的陕西袁家村，以村民为主体、以村庄为载体，聚焦关东民俗产业，以发展特色美食和乡村旅游为突破口，不断创新发展模式，经过7年的发展，每年接待游客500万人次，一年创收10亿元，一步步把"空心村"打造成关中民俗第一村。袁家村在品牌引领下，以村委会牵头管理，村委会下设管理公司，公司下边是协会，自己管理自己，壮大集体经济，走共同富裕道路，实现低成本高效治理。

仓廪实而知礼节，衣食足而知荣辱。品牌是治理有效的催化剂，品牌经济的发展衍生文明的进步，广大农民安居乐业、农村社会安定有序，有利于打造共建共治共享的现代乡村社会治理格局，推进国家治理体系和治理能力现代化。

品牌，是生活富裕的高速路

治国之道，富民为始。让农民生活富裕是乡村振兴的出发点和落脚点。乡村振兴战略实施的效果如何，关键还是要通过农民的腰包鼓不鼓、是否实现了生活富裕来检验。

习近平总书记指出，农业农村工作，说一千、道一万，增加农民收入是关键。农民既是乡村振兴的主体，也是乡村振兴的受益者，必须把农民群众的积极性、主动性、创造性调动起来，从而才能实现乡村振兴的全面发展。

要鼓励勤劳致富，更要倡导创新致富，打好品牌强农这张王牌。品牌是生活富裕的高速路，通过品牌驱动，提质增效，带动产业竞争力、产品溢价力、社会影响力、资源整合力，在高质量发展中推进乡村振兴，加快农业产业化、现代化进程。同时，通过品牌化的路径，让农民参与进来，盘活农村资产，让资源变资产、资金变股金、农民变股东，增加农民财产性收入，分享产业增值收益，改善人民生活水平，缩小城乡差距，实现共同富裕。

横州茉莉花在福来咨询的协助下，通过品牌化增值，茉莉花地头收购价从2018年的18～20元/千克上升到2021年的30～34元/千克，2022年均价更是突破每千克36元，创下了历史最高纪录。据测算，每亩花田每年可为横州花农实现收入2万元以上。花开时节，白天摘花傍晚卖，现场收钱见效益。当地约33万花农因其增收致富，茉莉花成了名副其实的致富之花、幸福之花。

目前横州茉莉花种植面积约12.8万亩，年产茉莉鲜花达10.2万吨，年产茉莉花茶9万吨，全年茉莉花(茶)产业综合年产值达143.8亿元。借助品牌高速路，横州城乡居民存款排在广西全区前列，正走向共同富裕之路。

2022年11月，中国国际扶贫中心等单位主办的第三届全球减贫案例征集活动结果揭晓，由广西壮族自治区乡村振兴局和南宁市乡村振兴局报送的《世界级茉莉花产业　打造产业群带农增收——横州市茉莉花产业带农振兴案例》入选为优秀案例，被收录在《全球减贫案例集2022》当中。

临颍县地处河南省中部，是典型的平原农业县。如何在保障粮食安全的基础上高效增加农民收入？临颍县按照"绿色兴农、品牌强农"的战略部署，转变农业发展方式，着力推进"麦椒套种，全产业链发展"模式，大力推广"高标准化5G＋辣椒种植"，打造"数字辣椒之都"，并联手福来咨询打造公用品牌，走促进产业提质、农业增效、农民增收的新时代农业高质量发展之路。

目前，临颍县辣椒种植面积44.3万亩，全县从事辣椒初

临颍数字辣椒展

加工企业300余家，精深加工企业13家，临颍县成为豫中南最大的小辣椒产业集散地，年交易额55亿元，带动12万人就业增收。辣椒已成为临颍种植业的第一富民产业，也是推动乡村振兴的支柱产业。

一粒米富裕一方百姓，一粒米撬动一个产业。兴安盟大米通过品牌带动，助力农民增收、农业增效，推动稻米产业高质量发展，连续两年实现量价齐升30%以上。2022年，国家知识产权局编撰的《地理标志助力乡村振兴典型案例汇编》，"兴安盟大米"作为内蒙古唯一入选的地理标志得以向全国推广。

同样，福来咨询服务的伊川小米导入品牌战略两年，春谷收购价每千克上涨2元。过去只知道低头干活的农民也第一次尝到了品牌的甜头，钱袋子鼓起来了，心里乐开了花。

实施乡村振兴战略是一篇大文章，要统筹谋划，科学推进。在新发展阶段，高质量推进乡村振兴，需要深化品牌理念，把品牌建设转化为高质量发展的工作要求，并贯穿于乡村振兴的总目标和全过程。

品牌引领，全面赋能。这是实施和实现乡村振兴大业的根本路径。

在此需要特别说明的是，区域公用品牌建设必须实名制！这是福来咨询反复强调的基本原则。

近年来，在区域公用品牌建设的浪潮中，出现了大量"隐姓埋名"的品牌模式，它们不说产地、不说产品（品类），起一个很文学、很艺术但是"不知所云"的名字登台亮相，给区域公用品牌建设造成了混乱、带来了隐患，导致政府工作、企业经营和消费选择都失去抓手，起到了反面的引导作用。

产地是决定农产品品质与特色的第一因素，地域名称不是品牌的负担，相反是区域公用品牌的核心资产和价值金矿。放着宝贵资产不用，另起炉灶，"劳民伤财"去打造一个全新的品牌，这是舍本逐末。

"产地+产品"，这是区域公用品牌命名的基本逻辑和底层逻辑。一定要"真名、实名、地名"，杜绝"艺名、假名、虚名"。

农业农村部指导的百强农产品区域公用品牌评选和中国农业品牌目录制度征集中明确规定，没有品类和产地的品牌，没有资格参与评选。农业农村部发布的《中国农业品牌发展报告（2022）》，在肯定农业品牌建设重大意义的同时，也明确指出，部分地区热衷打造全域全品形象品牌，存在辨识度低、传播成本高、产业带动力弱、促消费作用不明显等问题。对此，福来咨询高度赞成。

第三章
核心方法："乡村振兴，品牌引领"的六项修炼

乡村振兴，品牌引领。作为乡村振兴的战略抓手，品牌如何引领才能不走弯路、错路？福来咨询与中国人民大学品牌农业课题组在长期的实践过程中，共同总结出"乡村振兴，品牌引领"的六项修炼，形成完整的战略品牌顶层设计体系。

福来咨询"六项修炼"图

第一项修炼：战略寻根

第二项修炼：品牌找魂

第三项修炼：双轮驱动

第四项修炼：机制保障

第五项修炼：传播推广

第六链修炼：融合发展

第一项修炼：战略寻根

乡村振兴，产业是基础。实施乡村振兴战略，要坚持精准发力，从供求两端着眼，科学发展特色优势产业，有效推进乡村产业振兴。

2022年12月23日，习近平总书记在中央农村工作会议上指出，产业振兴是乡村振兴的重中之重，要落实产业帮扶政策，做好"土特产"文章。

靠山吃山，靠水吃水。要从实际出发，因地制宜、突出特色，这是乡

村产业发展的重要原则，也是战略寻根的根本遵循。

为什么许多地方产业有特色，基础也很好，却发展后劲乏力、不可持续？一个很重要的原因是战略没有寻好根，这也是很多乡村产业品牌建设容易走向的误区。

福来咨询认为，战略要有根。根深，方能叶茂！没有根的战略，想法多，做不强，长不大。战略有根，经营不纠结，资源不浪费，竞争更有力。

可能当地有很多特色产业，但是从"乡村振兴，品牌引领"的逻辑来说，一定要先确定一个主导产业，先把这个主导产业做强做大。如果什么产业都想做，什么链条都想做，往往做不强，当然也很难做大。不管是县域镇域，还是市域省域，一定要有所为、有所不为。

战略寻根分两步，首先要从 N 多产业中选择主导产业。

广西横州，拥有茉莉花、甜玉米、双孢菇、蔗糖、桑蚕等多个全国性优势产业，但在主导产业上，选择聚焦横州茉莉花。在福来咨询的协助下，集全横州之力，把横州建设成为"世界茉莉花产业中心"，推动茉莉花产业向更高质量发展，形成独具特色的乡村振兴的"横州样板"。

宁夏回族自治区则在众多特色产业中首先聚焦枸杞，打造中国枸杞之都，成为世界好枸杞的典范。截至2021年底，宁夏枸杞种植面积达43万亩，基地标准化率80%，良种使用率达95%，鲜果产量30万吨，鲜果加工转化率达到28%，产业综合产值突破250亿元，红色枸杞成为宁夏乡村人民美好生活的财富密码。

美食也可以成为乡村振兴的主导产业，如沙县小吃。历经30年的飞速发展，沙县小吃如今名满天下，全球逾8.8万家门店，有30多万从业人员，一年近500亿元的营业额，成为国民小吃第一品牌。沙县采取"小吃＋"战略，按照"以二产带一产促三产"的方向，把沙县小吃打造成了富民特色产业。在"沙县小吃第一村"俞邦村，全村外出经营沙县小吃的人数累计670人，占全村人口的60%，小吃业主户均年收入超过10万元。以小吃为驱动，从生产种植到加工销售，沙县小吃整合了沙县农业全产业链。

　　谁能想到世界上90%的小提琴来自中国，而中国40%以上的小提琴和80%以上的中高端提琴来自河南省确山县。近年来，确山县充分发挥政策推动、项目带动，培育发展小提琴产业，走出了一条特色产业发展之路，擦亮了"确山提琴"这张新名片。目前，确山县共开办制琴相关企业150余家，年产小提琴40余万把，由于生产的小提琴品质佳、音色好，其中超过半数的确山小提琴远销海外，被中国乐器协会认定为"小提琴之乡"。确山县小提琴产业的兴起，提高了一大批村民的生活水平，也吸引着越来越多的当地居民投入到这个产业中，共同奏出"确山县乡村振兴好声音"。确山县作为革命老区，被一群制琴师傅赋予了新的时代意义和发展动能。

　　产业兴旺是乡村振兴总任务的第一项，产业是乡村振兴战略的命根子，产业的选择非常重要。一二三产业、农文旅等都有可能是产业兴旺的目标对象，但从乡村振兴战略实施的现实情况来看，农业占90%以上。因为，农业是国民经济各部门的基础产业，依托农业发展二三产业，能促进产业之间深度融合，集群式发展，更有利于促进乡村全面振兴。

　　如何选择主导产业，福来咨询首次提出"五力模型"，也就是作为主导产业要具备五种能力：特色力、供给力、带动力、领导力、前瞻力。

产业选择"五力模型"

福来咨询"五力模型"

　　特色力：特色力就是竞争力，作为主导产业要从品种、品质、生态、文化等角度，在所属行业或区位中具有相对不可替代性。特色越鲜明，就越能做出高价值产品，竞争力也就越强。

供给力：产业必须具备标准化、规模化和持续供应能力。供给力要求打通产业链条，建设高效的供应链，为产业高质量发展提供基本保障。

带动力：带动关联产业、基础产业的规模化和集群化发展的能力。通俗来讲，要有一二三产业融合、农文旅融合、产城乡融合的潜质和特征。这是乡村振兴新时代的使命与要求。

领导力：领导力是指有没有可能做成全国老大、省域老大或者行业老大。成为老大才有标准权、定价权和话语权，老大就是最硬核的消费理由。

前瞻力：预知和判断产业未来的能力，见人所未见，识人所未识。主导产业不仅要基于现状，更要基于未来规划现在，在当下不确定的环境中，要能够看清产业未来发展的趋势和方向。趋势大于优势，提前布局，抢占行业未来趋势，占据产业主动。

内蒙古乌兰察布有众多优势产业资源，是中国马铃薯之都、燕麦之都、草原酸奶之都、草原皮都、草原风能之都、草原避暑之都等，如何选择主导产业？福来咨询基于"五力原则"，先聚焦乌兰察布马铃薯进行品牌打造，进而用马铃薯品牌带动乌兰察布的产业品牌，并进一步推出"北京向西一步，就是乌兰察布"的农文旅融合发展模式。

福来咨询服务的内蒙古兴安盟，有米、菜、油、糖、猪、禽、牛、羊八大主导产业，但基于兴安盟大米产业在东北上游的特殊区位优势及内蒙古稻米产业第一的规模优势，第一步聚焦在大米，用三年时间成功将"兴安盟大米"叫响全国，量价齐升30%，附加值大大提升。同时，以大米为载体，带动兴安盟八大生态产业的良性发展。

汝阳县拥有汝阳红薯、汝阳香菇、汝阳杜仲、汝阳花生、汝阳甪里艾五大地理标志产品，都很好，但是不能同时发力。福来咨询基于"五力模型"的前瞻力和特色力，建议聚焦汝阳红薯。因为在美好生活新时代，中国红薯市场"健康化、鲜食化、休闲化、家常化"消费趋势日益凸显。再加上汝阳红薯具有"鲜食"的特色力，基于未来发展，福来咨询为汝阳红薯确立了"鲜食红薯"的发展之根，并围绕鲜食红薯进行产业布局和资源配置。

我国农耕文明源远流长、博大精深，是中华优秀传统文化的根。中国很多地方有多个产业，也都有一定基础，面对这种情况怎么办？

资源总是有限的，再多的优势产业也不要齐头并进，必须坚持"五力原则"，首先确定主导产业，重点打造，这是根本，不然个个吃不饱、养不大。

第二步就是为确定的主导产业寻找战略之根。

首先，明确什么是战略之根。福来咨询对此进行了定义。

战略之根是基于社会及市场生态环境做出的根本性抉择，是产业生存和发展的根基，是安身立命的事业地盘。它明确了做什么、不做什么，先做什么、后做什么。然后围绕战略之根，再进行目标设定、路径规划，形成清晰可持续的产业发展蓝图。

依托得天独厚的葡萄种植优势，法国波尔多地区大力发展葡萄酒产业，将"世界葡萄酒中心"作为战略之根，并一直按照这一定位发展葡萄酒产业，使"波尔多葡萄酒"品牌享誉世界，成为"世界葡萄酒之都"。瑞士爱蒙塔尔以蜂窝奶酪产业为特色，做足"奶酪"的历史、生产、品牌、体验的文章，实现农牧业、文化和旅游业的完美融合，成为瑞士乡村振兴的样本和缩影。福来咨询为横州茉莉花制定的战略之根是"世界茉莉花产业中心"，这也取决于横州茉莉花在全球的现实地位和未来发展。

福来咨询"钉子模型"

那么，如何进行战略寻根？福来咨询提出了战略寻根"钉子模型"。围绕根本趋势、根本竞争、根本资产三个纬度进行检索、思考、判断、决策。

第一，挖掘根本资产。即：检索有什么独特的优势，有什么别人不具备的基因。独特的自然禀赋、品种、工艺和历史文化等，都是农业品牌重要的寻根之地。第二，把握根本趋势。即：顺大势，做大事，站在未来看现在。要预见变化，洞察趋势，与趋势站在一起。第三，洞察根本竞争。要有全国格局和全球视野，不能仅仅立足在自己的一亩三分地。

以福来咨询服务的宁夏枸杞为例。宁夏枸杞应根植于何处？福来咨询发现，《中华人民共和国药典》自编纂出版以来，虽经修订11次，但始终把宁夏枸杞确定为唯一的药用枸杞，且是唯一的药食同源的枸杞产品，因此明确了宁夏枸杞的药用价值与地位。"唯一药用""唯一的药食同源"代表着宁夏枸杞独一无二的品质优势，以及它独特的养生功效，更是区隔周边产区枸杞最有利的价值优势。

同时，宁夏枸杞作为中医药文化的重要元素，也将担负着传承发展中医药事业、推动"健康中国"国家战略的历史使命。因此，福来咨询认为，宁夏枸杞要以"药用枸杞"为产业基石，强化产业价值，引领产业升级。

充分借势"药食同源"特性，抢占"唯一入药"这一制高点，福来咨询为宁夏枸杞制定的战略之根为"以药用枸杞为核心的枸杞大健康产业集群"。宁夏枸杞只有深植"药用枸杞"的根，才能实现"枸杞大健康产业"的叶茂！

兴安盟大米，产自内蒙古兴安盟，虽然品质上乘但不为人知。战略应根植于何处？说起牛羊肉、乳制品哪里好，没有争议是内蒙古。但是，说到内蒙古大米，很多消费者第一反应（包括很多内蒙古人）就是，内蒙古不产大米呀！

在不产大米的"心智"如何创建品牌？打开中国地图，福来咨询发现一个重要事实：兴安盟位于黑龙江、吉林、内蒙古三省交界，并且处在上游，上风上水，同属大东北，兴安盟居上游。东北大米好，全国人民都知道。兴安盟大米站在东北大米的肩膀上，是一条光明大道。兴安盟＝东北上游，从政治经济区划、地理区位、生态区域，三个维度都立得住脚。兴安盟大米战略之根——"东北上游的生态大米"脱颖而出。

兴安盟大米

乡村振兴，品牌引领。首先要进行战略寻根，然后围绕战略之根，进行目标设定、路径规划、战略配称，再进行产业蓝图的顶层设计，才能不走弯路、错路。

这里强调一点，做好战略配称非常重要，战略配称通俗讲就是扎根，就是用战略之根来统领产业内外资源整合，夯实"基本功"，修炼"内功心法"，这是最重要的经营策略。只有基本功修炼扎实了，才有能力问鼎市场，支撑并推动产业可持续高质量发展。

宁夏枸杞围绕"以药用枸杞为主导的枸杞大健康产业集群"战略之根，从国家枸杞质量监督检验中心申报、中国枸杞研究院创建、中国枸杞博览会提档升级、国家级枸杞交易市场（线上线下）建设、中国枸杞博物馆重建等方面进行战略配称，抢占行业、文化制高点，构建宁夏枸杞产业高质量发展"护城河"。

寿光市围绕"高品质特色设施蔬菜"战略之根，搭建科技、标准、监管、人才、销售、基金六大平台进行战略配称，成功创建中国蔬菜质量标准中心。内蒙古兴安盟委行署携手中国工程院院士、杂交水稻之父袁隆平，成立兴安盟袁隆平水稻院士工作站，开展对现有水稻品种选育及优质高产水稻品种研发，为兴安盟大米品牌建设提供了强大的信"芯"。

很多品牌为什么做不起来，就是没有将战略之根寻好扎深。自检一下，你的战略有根吗？更多详细内容，可参阅娄向鹏、郝北海著作的《品牌农业4：新时代中国农业品牌建设的路径与方法》。

第二项修炼：品牌找魂

2019年3月4日下午，中共中央总书记、国家主席、中央军委主席习近平在参加全国政协十三届二次会议时强调，一个国家、一个民族不能没有灵魂。

福来咨询认为，每一个品牌也要有灵魂，魂立则心动。没有灵魂的品牌，如行尸走肉，难以存活于心。品牌就是要有血、有肉、有灵魂。

品牌灵魂是福来咨询在品牌领域创导的概念，它基于对消费集体意识的洞察，直击消费者的强大心智共鸣和消费动因，是决定品牌现实与未来的竞争原力。一句话，是触动人心的客户价值。

品牌灵魂不是编出来的，是集体意识的共鸣、感召和满足。有灵魂的品牌，更易成为消费者的心中想、心头好，更易引发消费者共鸣。有灵魂的品牌，传播更有主线和一致性，形成叠加效应，成本更低、效率更高。有灵魂的品牌，更易引起关注和认同，形成更高的品牌溢价，赢得更多的资本青睐。

如何进行品牌找魂？福来咨询提出品牌找魂"漏斗模型"。它是建立在心理学和国学的基础之上，再结合多年在品牌农业及其他行业工作和咨询的切身体验与思考，形成的独特方法论。

品牌找魂首先洞察消费集体意识中都有哪些关键词，然后进行竞争对照，看看对手抢占了哪些消费集体意识关键词，最后进行自身对照终极抉择，确定品牌灵魂。

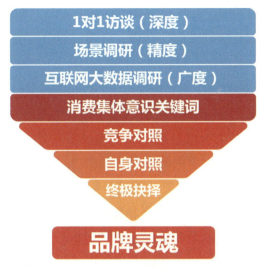

福来咨询"漏斗模型"

遗憾的是，不少人的农业品牌观念还停留在产品思维、文化思维、广告思维和设计思维上，品牌没有和消费者关联，没有形成差异价值。品牌普遍缺少灵魂，导致人财物浪费，广告传播打了水漂。

品牌灵魂从哪里来？福来咨询认为，生态和文化是农业品牌灵魂的"富集地"，也是重要的价值源泉，文化往往蕴含一个地区、一个民族乃至一个国家的消费集体意识和"市场密码"，具有经典性和恒久性。

农业品牌建设，绝不是简单的产品营销，而是对产区、产业、消费者的一次系统营销。所以首先要建立先产区，再产业，之后是产品的价值提炼逻辑。品牌只立足于单一的产品价值上，是工业品做品牌的价值逻辑，不是做农业品牌的逻辑。

曾经看到陕西白水苹果的广告"白水苹果，健康新主张"，这就是没有找到灵魂。挖掘农业品牌灵魂时，一定要把与产品相关的产区文化、生态价值与产业价值融入品牌价值中去，只有如此才能够更好地吸引外部资金、技术等资源走进来，区外的观光游客玩起来，这样才能在本质上，更好地促进三产融合，助力农文旅一盘棋。

　　以福来咨询服务的宁夏枸杞为例。一直以来，宁夏枸杞都是中国枸杞的首席代表，但近几年以青海、新疆、甘肃、内蒙古为代表的枸杞产区，所产枸杞果形大、果色艳、果味甜，种植面积广、产量高、价格低，凭借其气候条件和面积优势，对宁夏枸杞带来的冲击和现实挑战，怎么应对？

　　千百年来中医药一直把"道地"视作选材的普世标准，是中药有效性的根本保障，是品类价值的第一竞争力。宁夏作为药用枸杞唯一的原产地和枸杞之乡，是千年中医的不二之选，自古被冠以道地之名。同时，"道地"是药材采买的第一心智关键词，是获得消费心智认同的杀手锏，携"道地"以令诸侯，是成就宁夏枸杞领导地位的不二法门。因此，福来咨询为宁夏枸杞塑造的品牌灵魂就是"道地"，用"道地"的品牌灵魂构建起坚实的竞争壁垒，其品牌口令"宁夏枸杞，贵在道地"，一语道破"天机"，一句顶一万句，为宁夏枸杞的高质量发展注入强大而恒久的价值背书。

宁夏枸杞区域公用品牌

　　那盱眙龙虾的品牌灵魂又是什么？福来咨询探究消费动因发现，很多吃货爱吃小龙虾，却又怕不干净。盱眙县作为国家级生态县，山清水秀，生态环境非常好，盱眙龙虾作为虾中贵族，腮白、腹白、肉白、黄多、肉多，俗称"三白两多"。如何表达？福来咨询巧妙借用一个网络热词"白富美"，为盱眙龙虾找到品牌灵魂——小龙虾中的"白富美"，一句话树立行业品质标准和品牌价值标杆，消除消费隐忧。

盱眙龙虾区域公用品牌

汝阳红薯的品牌灵魂又是什么？如何从众多红薯中脱颖而出？福来咨询在调研过程中亲自品尝后发现，汝阳红薯生吃像水果一样清甜爽脆。福来为汝阳红薯提炼出"水果级红薯"的品牌灵魂，"水果型"比"普通型"更高级，水果玉米、水果萝卜、水果黄瓜、水果西红柿充分佐证了"水果型"就是更好吃、更好看、更高品质、更高价值的代名词。为了最大化抢占市场，福来咨询建议品牌品类化、品类品牌化，品牌名称升级为"汝阳水果红薯"。将产业特色、品类价值、品牌卖点体现在品名里。品牌口令：汝阳水果红薯，比水果还好吃。

汝阳水果红薯区域公用品牌

　　文化第一，但不是唯一；重文化，不能唯文化。农业品牌建设，还要能够跳出文化思维，站在外部思维、市场思维和产业思维，进行品牌灵魂的顶层设计。

　　柳州市三江县是侗族自治县，这里民族文化、建筑文化和茶饮文化丰富多彩。福来咨询在为三江茶做区域公用品牌咨询时，勇敢跳出单纯的文化思维和内部思维，站在产业竞争和用户价值角度，从三江茶叶比一般茶叶早上市（春节前就能喝到）的独特优势，赋予其"早春茶"的品牌灵魂，并直接植入到区域公用品牌的名称中。品类品牌化，品牌品类化，建立基于区位和生态的永恒价值，为三江茶叶开辟新时代高质量发展的品牌高速路。

　　乡村振兴，品牌引领。对于农业品牌而言，品牌找魂要三位一体，必须兼顾区域价值、产业价值和消费价值。品牌找魂是基础，还要进行品牌塑魂，也就是以品牌灵魂为核心，建立品名、个性、图腾、口令的一致性品牌体系，形成入眼入心的品牌魅力、价值认同和消费偏好，才会最终捕获消费者的"芳心"。

　　品牌塑魂有两个重要元素非常关键，一个是品牌图腾，一个是品牌口令。品牌图腾，是品牌的第一形象载体；品牌口令，是一句话令客户心动和行动。

　　读图时代，品牌图腾是塑造品牌的重要因素，它的功能是吸引眼球、传递价值、影响行动，让大众的每一次消费都成为对品牌膜拜的累积。牡丹真国色，茉莉乃天香。福来咨询基于茉莉仙女下凡传说，为横州茉莉花创意了"横州茉莉仙

横州茉莉仙子

子"的视觉图腾。品牌口令嫁接世界级公共文化资产，创意出"好一朵横州茉莉花"。这一句地球人都熟悉，极具传播性，听一遍就记住，其市场价值与传播效应不低于一个亿，现在已经成为行业经典。

荔浦砂糖桔，每年春节前后40天上市，是当之无愧的中国"贺岁桔"。福来咨询将荔浦砂糖桔品牌灵魂定为"最有年味的水果"，并嫁接"中国年"超级IP和《甜蜜蜜》歌曲，提炼出"荔浦砂糖桔，过年甜蜜蜜"的品牌口令，在竞争激烈的沙糖橘行业脱颖而出。

汝阳，是中国恐龙之乡，福来咨询基于恐龙"世界级公共资产"的超级文化大IP，为汝阳红薯设计了品牌图腾"薯小龙"。"薯小龙"现代、时尚、调皮而自信，手拿飘香烤薯，可爱十足，食欲满满，一下子征服你的视觉和味觉。

自检一下，你的品牌有魂吗？更多详细内容，可参阅《品牌农业4：新时代中国农业品牌建设的路径与方法》。

第三项修炼：双轮驱动

双轮驱动指"政府主导、企业主营"。

中国是农业大国，由千千万万小农户共同构筑了国家繁荣稳定的基石。据第三次农业普查数据显示，我国小农户数量占到农业经营主体的98%以上，小农户从业人员占农业从业人员的90%，小农户经营耕地面积占总耕地面积的70%。

当前，农业农村发展进入新时代，但大国小农仍然是我国的基本国情和农情。所以，中国想在农业上做点大事，必须由政府主导。农业本身投资大、周期长、见效慢、风险多，做农业面临多重挑战。政府有能力、有手段、有资源、有政策，既有统筹协调能力，也有权威性、公信力和凝聚力，可以做企业和农户想做而做不了、做不好的事情。这就是中国特色，也是必须掌握的规则。

福来咨询"双轮驱动"图

宁夏枸杞、盱眙龙虾、兴安盟大米、寿光蔬菜、洛川苹果、伊川小米等，这些区域公用品牌及产业经济成功的背后，均离不开政府的积极主导和强力推动。

政府要主导，但不能越位。主体企业必须承担起农业品牌市场营销的主角责任，打通区域公用品牌到用户品牌转化的"最后一公里"。凡是出现问题的农产品区域公用品牌，多是因为缺乏一个在品牌产权上明晰的、在市场经营上具有强大实力的企业法人主体。

五常大米很好，买哪个品牌呀？阳澄湖大闸蟹好，谁家最正宗？这种现象比较普遍，原因就是产业和品类没有"带头大哥"进行市场主导。产业要兴旺，品牌要强大，首先要有品牌产权明晰、善于市场经营的企业法人主体。有了实力强大的企业主体，乡村振兴和品牌强农工作才有抓手，工作才能落到实处，也才能实现从产业优势到市场胜势，从产品优势到品牌胜势的伟大跨越。

没有政府主导，产业就像一盘散沙；没有企业主营，政府主导落不到实处。中国农业品牌建设进入"政府企业双轮驱动"新时代，"政府主导"和"企业主营"两个轮子要相互协力、共同驱动。双轮驱动模式，找到并抓住了农业品牌建设的两大核心力量——政府和企业，不再偏颇和偏废一方，共同打好品牌农业这张牌。

在中国茉莉核心产区，广西横州市委、市政府集全市之力，打造区域公用品牌，建设国家现代农业产业园和全国特色小镇，创办世界茉莉花大会，抢占行业话语权。政府搭台、企业唱戏，横向发展、纵向延伸，一二三产业融合、农文旅养结合，实现区域公用品牌与用户品牌的共生共荣。

同时，企业品牌错位竞争，形成以金花、顺来、大森、华成、长海、南方等企业为代表的横州茉莉花茶产业群，以莉妃花圃为代表的茉莉盆栽产业群，以好友缘、创志为代表的茉莉食品产业群，以金鼎香为代表的茉莉日化产业群，以巧恩、素氧为代表的茉莉文创产业群，构建起科学、健康、错位竞争的可持续发展的横州茉莉花产业集群大生态。2021年茉莉花（茶）产业综合年产值达143.8亿元。同时，成功引进了张一元、小罐茶、华茗园等代表性茶叶企业。

政府主导。在农业品牌建设中，政府要起主持和引导作用。政府主导两件大事，一是产业选择与培育，二是区域公用品牌打造。主要工作有产业规划、战略寻根、品牌找魂、整合资源、搭建平台、夯实基础、传播推广、品牌管理、市场主体培育与组建等。

企业主营。这里说的企业，是指联合体企业，它代表产业和品类进行市场经营，是产业和品类中的中坚力量和"带头大哥"，是农产品区域品牌建设的载体和主体，主要工作有扛品牌、推产品、拓市场、带产业。

宁夏枸杞，贵在道地。中宁枸杞作为核心产区则突出"中宁枸杞，道地臻品"。领军企业百瑞源秉持"道地"灵魂，发出"好枸杞可以贵一点"的品牌号令。三者高度传承、节节助力、双轮驱动，引领宁夏枸杞从老大迈向伟大。

南阳盛产艾草，当地政府在大力打造南阳艾区域公用品牌的同时，仲景宛西制药作为龙头企业扛起南阳艾产业大旗，发力艾草健康养生产业，双轮驱动，打造世界艾乡。

福来咨询受邀为"云南绿色食品牌"进行整体的品牌策划，并为云南花卉的首席代表"晋宁玫瑰"打造区域公用品牌。同时，为云南省国资领军企业、中国绿色化工龙头云天化集团做现代农业（香米、花卉、蔬菜）板块战略品牌顶层设计，协助和推动云天化集团做云南高原特色农业的整合者、示范者与引领者。这是典型的政府企业双轮驱动。

云天化傣王稻

北京首农食品集团作为对口援助青海玉树单位，除了政策扶贫，还合资成立首玉公司。作为联合体企业，首玉公司承担起玉树牦牛公用品牌运营主体责任，政府企业，双轮驱动，一二三产业融合，农文旅结合，构建"生态优先、四生合一"的玉树模式。

从根本上说，中粮集团、伊利集团、首农食品集团、云天化集团等中央或地方国有企业（包括以北大荒为代表的农垦企业），承担的正是国家或区域的农业发展联合体的重任，未来在乡村振兴的大业中，它们必将发挥更大的示范和引领作用。

联合体企业是福来咨询推崇的模式，它是由龙头企业、中小企业、合作社和家庭农场组成，以公用品牌为基础、以分工协作为前提、以规模经营为依托、以利益联结为纽带、以企业品牌为抓手，形成实体化、法人式的一体化新型经营主体。将分散的生产者整合到一起，实现专业化分工，标准化管理和产销一体化，用一个标准对内管理，用一个形象对外展示。我们形象地称之为"产业航母"。

榨菜，这一看似毫不起眼的佐餐小菜，对重庆涪陵而言却是享誉百年的支柱产业。涪陵全区青菜头种植面积73万亩、产业总产值逾150亿元，惠及全区60余万农民，让"青疙瘩"变成了群众增收致富的"金疙瘩"。其成功的背后，是政府很早就组建了重庆市涪陵榨菜集团这个国有控股的市场经营主体，并通过体制和机制创新，持续激活企业，打造了"乌江"行业领导品牌，成为"中国榨菜第一股"。

仲景食品立足西峡香菇产业，在福来咨询的协助下，通过成功开发和推广仲景香菇酱大单品，成为行业第一股，并带动了西峡香菇产业的品牌化、价值化和产业化发展。如今西峡香菇产业综合效益150亿元，产品远销美国、日本、俄罗斯等30多个国家和地区，出口量全国第一，西峡成为全国香菇的集散中心、价格中心和信息中心。西峡50%的农民从事香菇相关产业，农民纯收入的60%源于香菇产业，香菇成了名副其实的"富民菇"。

新疆果业集团(品牌为"西域果园")作为新疆林果产业的主力联合体企业，是由自治区供销社参股，社会法人、企业员工共同持股的混合所有制企业，充分发挥了国资、员工和社会法人各自的优势与主观能动性。集团在新疆林果主产区建立了六大基地，在北上广等九大内地中心城市和周边地区建立了直销中心和2000多家连锁网点，实现农产品交易总量100万吨，带动订单农业40万亩、农户15万户，年综合营业额突破100亿元，成为新疆林果业真正的领头羊和"航空母舰"。下图是福来咨询为西域果园创作的品牌主视觉。

西域果园

　　山西沁州黄小米集团是在沁县沁州黄开发服务中心的基础上改制组建的，三十年如一日，培育新品种、探索新技术，守护小米文化，拓展全国市场，成为中国小米第一品牌。同时，带动和推动沁县小米产业做优做强，成为富民强县的支柱产业。

　　美国爱达荷土豆的成功，也是双轮驱动的典范。首先是政府主导打造爱达荷土豆区域公用品牌，同时培育出蓝威斯顿和辛普劳两大全球联合体企业，开发出大场景、大单品，推出薯条超级品类，将爱达荷土豆一举带向全球，成为全球农业品牌的成功典范。

　　佳沛奇异果的成功，源于2700多户果农在政府的支持和帮助下，组建了一个联合体平台——新西兰佳沛奇异果国际行销公司，整合果农资源形成单一出口的营销模式，加强品种培育、生产、包装、冷藏、运输、配售及市场营销等环节的整合，形成紧密的利益共同体，集中打造"佳沛"一个品牌，成就世界第一的产业地位和品牌成就。

　　特别提醒的是，决定联合体企业成败的"命脉"是市场化。只有做到观念市场化、机制市场化、团队市场化，真正以市场为中心，获得消费者的认可，取得市场的成功，联合体企业才能步入自身造血、健康发展的轨道，才能拥有真正的产业整合、带动与引领能力，也才可能实现企业主营的使命和任务，否则一切都是空谈。

　　中国农业的现代化、品牌化是千年一遇的新生事物。在这场产业要素突变的革命中，政府和企业要双轮驱动，这是必然选择和基本路径。

　　需要说明的是，在乡村振兴国家大战略背景下，福来咨询认为，双轮驱动是大模式，还要配合省市县"三极联动"，点线面结合。

　　面：以省市农业服务品牌统筹全局，纲举目张。这是关键引领力和推动力，如河北农品、云南绿色食品牌、广西好嘢、豫农优品等。

　　线：以省市大单品品牌为特色优势产业名片，树大影响，做大带动。如宁夏枸杞、河北梨、云南普洱、乌兰察布马铃薯等。

　　点：以一县一业品牌为抓手，做强一点，带动一片。这是着力点，是主战场。也是对省市农业服务品牌和省市大单品品牌的强力支撑。如盱眙龙虾、容下沙田柚等。

福来咨询省市县"三极联动"图

省市县"三极联动"，点线面结合，各司其职，互为支撑，形成上下合力的高效联动效应，这也完全遵循和符合《中共中央 国务院关于实施乡村振兴战略的意见》中提出的"要实行中央统筹、省负总责、市县抓落实的工作机制，建立市县党政领导班子和领导干部推进乡村振兴战略的实绩考核制度"。

"双轮驱动，三极联动"，这是符合中国国情的农业品牌发展道路。

第四项修炼：机制保障

如果把乡村振兴比作一辆飞驰的火车，党的领导就是至关重要的"火车头"。习近平总书记多次强调，要举全党全社会之力，五级书记抓乡村振兴。推动建立责任清晰、各负其责、合力推进的乡村振兴责任体系，建立上下贯通、精准施策、一抓到底的乡村振兴工作体系。这是乡村振兴的行动纲领和根本遵循。

郡县治，天下安。县域作为乡村振兴的主战场，县委书记作为一线"总指挥"，在全面推进乡村振兴的新时代，角色关键，责任重大。

福来咨询认为，作为党政"一把手"，要有"功成不必在我"的精神境界和"功成必定有我"的历史担当，进一步提高市场意识，修炼三种能力：

眼力，要有国际化视野和格局，强化市场化与品牌化意识；

魄力，敢于决策，敢于担当，敢于投入，敢于创新；

定力，做好顶层设计，一张蓝图干到底，不折腾。

同时，要在组织、政策、资金、资源等方面建立保障机制。

组织保障：列入"一把手"工程，建立跨部门协作体系

品牌建设作为乡村振兴的战略抓手，有诸多大事要办，过程中难免遇到观念认知、决策流程、资金支持、资源整合等困难和问题，特殊时期，特殊任务，这就需要"一把手"亲自担纲、主动谋划和推动，打破常规，特事特办。

要始终把乡村振兴列入"一把手"工程。这是最大的政治任务，要抓在手上、扛在肩上。在品牌建设上，从省级到市县级，党政"一把手"亲自抓，力度、效率、效果才能得到最大化保障。这也是对党政"一把手"远见、担当、勇气和魄力的考验。

比如广西横州茉莉花产业，就是在横州市委书记黄海韬的直接参与和亲自推动下，高效决策，成效显著。从举办全市品牌农业大讲堂到引进福来咨询进行战略品牌顶层设计，再到举办世界茉莉花大会和招商引资等，黄海韬书记都亲自推动，参与项目的每一次重要讨论和决策，并且在横州茉莉花文化挖掘上亲自和福来咨询团队讨论细节，一个字、一句话、一幅图、一个物料地雕琢与商议。在黄书记的直接推动和深度参与下，横州茉莉花品牌建设工作速度快、效率效益高。以品牌为引擎，连续举办四届世界茉莉花大会，成功打造成世界茉莉花茶产业中心和世界茉莉花都；横州茉莉花（茶）品牌价值达218.14亿元，连续蝉联广西最具价值的农产品品牌；在第四届中国国际茶叶博览会上，签约订单价值17亿元，成为茶博会最闪亮的明星；产业综合产值突破143亿元，成为乡村振兴、产业兴旺和品牌强农的"横州样板"。

娄向鹏与横州市委书记黄海韬商讨品牌设计

寿光蔬菜是全国农业产业化的一面旗帜。寿光蔬菜区域公用品牌建设，作为寿光市蔬菜产业兴旺和乡村振兴的重要抓手，得到了寿光市委书记赵绪春的大力支持与亲自推动。从品牌培训到产业调研，从方案讨论到决策定案，每一个重要环节，赵绪春书记都亲自参与并充分互动。正是赵绪春书记的亲自参与，福来咨询圆满完成了寿光蔬菜区域公用品牌的顶层设计，并在第二十二届中国（寿光）蔬菜科技博览会上精彩发布，向全球发出"健康中国菜篮子"的全新品牌口令，开启了"寿光蔬菜"品牌化、价值化、标准化、融合化发展的新时代，也为"寿光模式"注入了新内涵、新形象。

企业也一样。云天化集团是云南省属国企龙头，中国绿色化工和新型材料领域的领军企业（年营业收入800亿元，年利税80亿元），在张文学董事长的主导和推动下，结合国家乡村振兴战略、云南推进高原特色现代农业与绿色发展部署，云天化集团从2018年开始进军现代农业，引入福来咨询，为云天化现代农业板块（大米、蔬菜、花卉）进行顶层设计，并在战略、品牌、模式、路径、产品上，深度研讨、高效决策、快速推进，先后建成勐海香米产业园区、云南绿色农业高新技术产业示范区（GAP）、粤港澳大湾区菜篮子技术示范园等重大项目，为云南乡村振兴和农业高质量发展注入强大能量，也为云天化集团铺设了绿色可持续发展的战略转型升级大道。

云天化绿色农业科创中心

跨部门协作，构建"1＋X"执行体系。品牌建设是战略性和全局性工作，不仅仅是农业农村局（粮食、林业）一个部门的事情，需要市场（工商、质检）、商务、文旅、乡村振兴、财政、发改委、科技、宣传、供销、公安等多部门协同。

主要领导的参与度决定品牌的成功度，只有党政"一把手"高度重视，深度参与，才能把多个相关部门捏合在一起。在组织保障上，首先"一把手"挂帅，组建品牌建设工作领导小组。在小组之下，各职能部门、行业协会、市场主体等不同层面、不同性质的机构，以"一盘棋"思想，打破部门界限，做好协同，构建"1＋X"执行体系，拧成一股绳，高效决策，快速推进。

品牌的创建是一项战略工作，也是一门专业技能，"一把手"重视和相关组织配称是基础，前期还可以"应付一下"，但从实际操作和长远发展来看，政府部门日常事务繁杂，无论从体制机制上，还是从专业专注上，都很难保障品牌建设的系统性、落地性和可持续性，需要有公司化的品牌运营管理机构来具体落实相关工作。统筹、协调、推进区域品牌的知识产权申请、商标注册、品牌授权使用和统一管理，以及节庆活动、传播推广、资源整合、服务平台搭建等事务。如洛阳源耕品牌运营管理有限公司、江西井冈山品牌运营有限公司等。

需要特别强调的是，乡村振兴和品牌建设是百年大计，顶层设计要一步到位、一次做对。如果路径和方法不对，执行越到位则偏差越大。必须导入有学术高度和实战深度的专业品牌农业咨询机构进行顶层规划。选对合作伙伴，就等于成功了一半。千万不要因为个人认知及人情关系、流程与费用等问题，影响了与高水准外脑的合作。合作伙伴凑合，结果一定更凑合。

资金保障：会花钱，还要会找钱

大家都知道，品牌建设需要花钱，但目前最突出的三个问题是没钱花、不敢花、不会花。有的地方在修路、建厂、盖房等方面敢于投入，但在品牌建设上往往拿不出钱，或有钱也不敢花、不会花；有的地方甚至还出现了国家"三农"奖补资金花不出去的怪现象。

首先，要善于"找到"品牌建设资金。习近平总书记强调，把农业农村优先发展的要求落到实处，在干部配备上优先考虑，在要素配置上优先满足，在资金投入上优先保障，在公共服务上优先安排。

《中共中央　国务院关于实施乡村振兴战略的意见》也明确要求，建立健全实施乡村振兴战略财政投入保障制度，公共财政更大力度向"三农"倾斜，确保财政投入与乡村振兴目标任务相适应。

除了地方必须列支的"三农"财政支出，还要善于整合国家和上级政府每年在乡村振兴、产业兴旺、农产品深加工、一二三产业融合、冷链物流、种业研发、金融支农、电子商务、生态保护、农村基础设施建设、村集体发展、产业园区建设等方面的政策和资金支持。按照著名"三农"专家温铁军教授的提法，乡村振兴将成为继大规模基本建设投资（第一资金池）和城市房地产（第二资金池）之后的"第三资金池"，规模巨大。

如国家现代农业产业园创建中央财政原则上每个奖补资金总额1亿元，全国优势特色产业集群有中央奖补资金5000万元，国家农村产业融合发展示范园有1000万元中央奖补资金等。

乡村振兴品牌建设资金就像海绵里的水，只要你肯挤，总会有的。

其次，要敢于在品牌建设上花钱。系统策划、资源整合、品牌传播、市场对接都需要花钱。作为"一把手"，只要秉公无私、程序合法，就要敢于决策、勇于担当，大胆去花、勇敢去干，这才是真正的"守土有责、守土负责、守土尽责"。

政策保障：有保障，入考核

在品牌建设上，需要省市县党委和政府通盘考虑、统筹谋划、引导引领，完善政策保障体系，创造良好营商环境，保证品牌建设高效可持续发展。

广西近几年非常重视农产品区域公用品牌建设，积极开展国家和自治区级现代农业产业园、特色农产品优势区、农业品牌目录制度创建，出台了一系列支持政策。2019—2020年两年安排资金17885万元扶持农业品牌建设，建设了一批布局合理、技术先进、管理规范、效益明显、带动力强的产业园、特优区，农产品区域公用品牌建设成效卓著。

横州市则出台了《横州茉莉花产业发展奖励扶持暂行办法》《横州加快产业转型升级发展的实施办法》《横州茉莉花现代特色农业（核心）示范区创建实施方案》等政策，有力推动了"乡村振兴，品牌引领"的横州样板建设。

有政策还要入考核。在广西，25％的项目资金要用于绿色食品建设，30％以上用于品牌打造，明确要引进国内权威农业品牌策划团队开展品牌建设，明确品牌建设任务要以农产品价格提升和品牌增值为终极目标。广西将特优区列入县域经济考核，强化对县委书记和县长的考核，有效调动了"一把手"抓农业品牌建设的积极性。

第五项修炼：传播推广

品牌如何与政产学研商媒等利益攸关者产生链接，这就要做好传播推广。传播推广就是在品牌与受众之间通过一个链条建立衔接，从而联动起来。

为什么很多地方政府和企业花了不少钱打广告做推广，市场效果却不明显？都说钱要花到刀刃上，刀刃到底在哪里？有限的人财物，如何谋划和使用，才能不花冤枉钱，发挥最大市场效应？

福来咨询与中国人民大学品牌农业课题组在长期的实践过程中，总结出农业品牌传播推广的四大方略：上天入地、激光穿透、打造私有流量、战略性投入。

方略一：上天入地

品牌的传播推广，不是简单粗暴地砸钱，而是有逻辑、章法和策略的，福来咨询坚持上天入地原则。

上天就是抢占制高点，制造品牌势能，以更高的格局和视野，保证品牌及产业发展有大占位、大平台、大声音，建立在全国乃至全球的话语权和品牌能量。

横州作为中国茉莉之乡，创办了中国茉莉花文化节和全国茉莉花交易博览会两大行业盛会。为了打造世界茉莉花产业中心，抢占世界行业话语权，福来咨询建议两会合一会，提档升级，创办世界茉莉花大会并已成功举办四届，通过品牌化、国际化、嫁接世界元素，成就世界茉莉花都，并从第二

世界茉莉花大会成为中国–东盟博览会官方议程

届开始被纳入中国 – 东盟博览会官方议程，实现了从横州战略到广西战略乃至国家战略的跨越。

为发展蔬菜产业，抢占行业制高点，寿光市于2000年发起并承办了中国（寿光）国际蔬菜科技博览会（简称菜博会），菜博会由农业部、商务部、科学技术部等部委与山东省人民政府联合主办，每年4月20日至5月20日在山东寿光蔬菜高科技示范园定期举办，目前已经成功举办23届，秉承"国际视野、市场运作、专业服务"的理念，充分做好"以菜为媒、展会搭台、融合交流"文章，累计接待来自50多个国家和地区、3000多万人次的展商、游客，其规格高、规模大，不仅成为国家级，也成为世界级的蔬菜行业盛会和交流平台，被认定为国家5A级农业展会，成为推动寿光蔬菜产业及寿光社会经济高质量发展的重要战略抓手。

在此基础上，寿光市创建了全国蔬菜质量标准中心等12家国字号农业研发平台，5项行业标准获农业农村部发布，农业物联网应用率达到80%；自主研发蔬菜品种160个，种苗年繁育能力提高到18亿株，蔬菜种业发展成功入围国家战略，成为名副其实的"中国蔬菜之都"，形成享誉国内外的"寿光模式"。

入地就是真正导入市场化的资源，与目标市场对接、与客户对接、与渠道对接、与终端对接，做好B2B业务对接，带来实实在在的客户和销量，促进价格提升。

第一，要深度参加行业主流展会及全国大型展会，如全国糖酒会、万商大会（华糖云商）、全国茶博会、全国药交会、亚果会等。

譬如宁夏枸杞打造以药用枸杞为主导的枸杞大健康产业集群，通过参加全国药交会、全国糖酒会，受到了消费者和经销商的关注与肯定，产销对接成效明显。横州茉莉花每年战略性参加杭州国际茶博会，第三届杭州国际茶博会首次亮相，现场签约金额达9亿多元，十佳参展商横州占6家，受到农业农村部和广西壮族自治区农业农村厅表彰，在第四届杭州国际茶博会上，更是取得签约金额17亿元的全场最佳战绩。

宁夏枸杞参加全国药交会

第二，就是组织城市推介会。政府搭台，企业唱戏。在全国主要一线城市及目标城市，开展城市推介会，进行文化宣传、产品展示、现场品鉴、农商对接、会员开发等。在做好品牌宣传的同时，重点做好渠道对接与会员开发。每到一个城市要做深做透。在这点上，吉林大米做得比较到位，持续在全国一线城市开展了多场大米产销对接和品牌推介活动，让吉林大米品牌声名远播。

第三，做好市场化资源的对接。福来咨询为荔浦砂糖桔在北京新发地举办品牌战略发布会，并现场进行水果大户产销对接，效果显著。灵山荔枝品牌发布时，福来咨询特邀本来生活现场观摩，三日上线，完美实现宣销一体化。

方略二：激光穿透

资源总是有限的。在顾客心智争夺战中，集中力量于一点，进行激光穿透式传播，是取得胜势的第一法则。四面出击，平均用力，结果往往是不疼不痒。

福来咨询"激光穿透"图

在农业品牌传播推广上，政府能够投入的人财物资源总是有限的，但还要有影响力和效果，怎么办？福来咨询主张要集中力量办大事。围绕"根与魂"，进行激光穿透，力出一孔。李小龙有一句名言：我不怕会一万种腿法的人，我怕把一种腿法练一万遍的人。

区域公用品牌不同于消费品牌，它的传播对象是"政、商、研专业人群＋大众消费群体"，大会营销集产业会议、资源整合、招商引资、品牌传播于一体，是最精准、最高效的方式。同时会议传播方式，政府部门更熟悉、有更多资源，也更易上手。一个大会，成就一个品牌，引领一个产业，推动一方振兴。

美国爱达荷土豆的成功，是激光穿透的典范。美国每年9—10月举行的爱达荷土豆日，至今已持续近百年。在这场以土豆为主题的狂欢中，有土豆日大游行、烹饪大赛、挖土豆世界冠军赛等活动。每年2月，是爱达荷的"土豆爱好者月"，其间，协会将开展土豆爱好者月零售展示竞赛，通过行业论坛、产品推介、文娱表演、比赛评选、参观体验、免品促销等一系列活动，不断宣传产品，塑造和提升品牌。

正宗沙田柚，产自容县！新形势下，低调的容县沙田柚需要高调发声，正本清源。2019年10月19日，福来咨询全程策划的首届中国沙田柚产业发展大会在广西容县隆重举行，容县与中国农业科学院柑桔研究所、中国农业大学、华南农业大学、广西农业科学院等建立战略合作，共同创建中国特色产业优势区，抢占科技制高点；同时与佳沃鑫荣懋、百果园、本来生活等主流渠道平台签订了产销对接合作，实现了前所未有的突破。容县通过举全县之力创办行业盛会，夯实沙田柚发源地的根基，聚集产业资源，重塑“中国沙田柚之乡”的领导地位。

世界牦牛看青海，青海牦牛看玉树。新时代、新作为，玉树牦牛站在世界高度，整合世界资源，抢占世界牦牛制高点。2022年7月20日，由福来咨询全案策划的首届中国（玉树）牦牛产业大会在玉树拉开帷幕，十三届全国人大民族委员会原副主任丹珠昂奔，农业农村部首席兽医师李金祥，世界肉类组织主席Guillaume Roué，法国畜产协会主席JF Hocquette，中国常驻联合国粮农机构代表、大使广德福，国家市场监管总局食品生产司副司长黄敏，国家肉牛牦牛产业技术体系首席科学家曹兵海等嘉宾在现场或视频致辞。中国肉类协会为玉树州颁授“中国牦牛之都”称号，玉树现场递交申办“世界牦牛之都”申请书。以产业大会为支点，用品牌战略推动构建生态优先的“玉树模式”全面启航。

首届中国（玉树）牦牛产业大会

　　围绕"草原酸奶"的战略之根，福来咨询为兰格格乳业进行系列战略配套设计，并集中有限资源创办中国草原酸奶大会，全力打造行业品牌。中国草原酸奶大会由兰格格乳业联合乌兰察布市人民政府、中国奶业协会、中国乳制品工业协会、中国食品工业协会、集宁区人民政府等共同举办，中国农业大学、中国人民大学、新乳业等相关机构支持，邀请全行业专家、经销商、媒体等出席。每年一届，站在行业、国家和世界的高度，形成大声势，创造大影响，打造中国草原酸奶领域的"达沃斯论坛"，目前已经成功举办四届。

　　兰格格通过发布中国草原酸奶《乌兰察布宣言》《中国草原酸奶发展蓝皮书》，以及草原酸奶益生菌自主知识产权成果，举办草原酸奶与免疫健康论坛、草原酸奶科技发展论坛，开展草原酸奶之旅，打造"中国草原酸奶之都""草原酸奶小镇"等战略举措，夯实草原酸奶引领者地位，带动草原酸奶产业高质量发展，探索出乌兰察布乡村振兴新路径。

首届中国草原酸奶大会

方略三：打造私有流量

当流量越来越贵，地方政府和农业企业也没有更多资源去买时，福来咨询认为，要转变流量观念，从买流量到自造品牌私有流量。农业本身的产业属性和体验特性，恰恰最适合创造自有流量。

品牌节日聚流量。 江苏盱眙县22年如一日，举办中国龙虾文化节，推出"万人龙虾宴"，并大胆"走出去"，成为全国乃至全世界美食狂欢节，聚来滚滚的私有流量。

意见领袖聚流量。 市长、书记、县长、局长、镇长、村主任以及自带粉丝的明星，都是意见领袖。甘肃成县原书记李祥，坚持天天发微博，带动全县干部群众一起发，带来了关注度和私有流量，让成县的核桃声名远扬，被称为"核桃书记"。受疫情影响，海南水果销路受阻，文昌、海口、东方等各地市"一把手"纷纷客串直播间带货，摇旗呐喊，开启水果抢救计划。

形象IP聚流量。 品牌一定要打造自己的品牌形象大IP，通过品牌传播推广，吸引关注和粉丝，带来品牌私有流量。比如横州茉莉仙子、日本熊本县的熊本熊、仲景香菇酱的"采蘑菇的小姑娘"。

伴手礼聚流量。 送起来、传起来，不经意间品牌私有流量聚起来。福来咨询服务新疆果业集团时，借领导人考察企业的契机，推出"大大点赞的礼盒"，一下让全国消费者记住了其品牌西域果园。

英特尔战略聚流量。 将区域公用品牌证明商标植入授权企业包装，就像电脑上贴的"英特尔"标识。福来咨询称之为"农业英特尔"战略。一个小标签，就是一次广告传播，就是一次流量转化，更是一次品牌资产沉淀。小战术，大战略，大价值。

方略四：战略性长期投入

乡村振兴，品牌引领。只有建立了强势品牌，才有附加值、话语权和持续收益，形成产业兴旺、乡村振兴和巩固脱贫攻坚成果的长效机制。但在创品牌阶段，需要战略性投入，就像飞机在起飞时最费油一样。

所以，福来咨询强烈建议，"一把手"要跳出单纯的短期财务指标，站在对未来负责、对产业负责、对企业负责的高度，站在乡村振兴和区域社会经济高质量发展的战略高度上，加大对乡村振兴品牌建设的战略性持续投入力度。守正笃实，久久为功。

很多人羡慕横州茉莉花的品牌建设成就，却往往忽略了背后的原因："一把手"在品牌建设投资上的远见、魄力和坚持。中国横州茉莉花文化节已经举办十三届，全国茉莉花产业博览会举办十四届，世界茉莉花大会已高规格举办了四届并会继续办下去。

盱眙龙虾之所以年综合产值突破181亿元，成为中国水产领域区域公用品牌的价值第一（品牌价值高达215.51亿元），关键一点是县委、县政府22年如一日敢于进行战略性投资、大手笔产业规划和品牌策划，持之以恒地高规格举办盱眙龙虾节，大气魄创造万人龙虾宴，建立龙虾培训学院，培育虾稻共生种养模式，走进北上广、远赴美欧澳进行产业推介和招商引资，建设龙虾小镇，培育龙虾产业生态，造就了百亿级富民产业。

打造企业品牌同样需要持续的战略性投入。全球著名橙子品牌新奇士早在1916年就聘请广告大师霍普金斯策划了"喝一个橙子"的广告，并坚持长期投放，据称这也是世界上最早的水果广告。通过不断的宣传引导，使新奇士"阳光橙"的品牌灵魂以及"橙汁有益健康"的观念深入人心。同时，新奇士还通过"营养食谱"计划，围绕营养价值做文章，以家庭消费为中心，将橙子嵌入消费者的生活方式，让新奇士橙子（汁）走进日常生活，成为生活必需品，登上美国人的餐桌，走向世界。

第六项修炼：融合发展

乡村振兴是一项前无古人的伟大创举，是包括产业振兴、人才振兴、文化振兴、生态振兴、组织振兴在内的全面振兴。乡村振兴不能就乡村论乡村，必须走融合发展之路。在融合之中，融出合力、动力与活力。

融合发展要敢于打破城乡界限，打破产业界限，打破部门界限，破界破圈、集群成链，使各类资源要素在市场化作用下进行有效配置，提高资源利用率，全面推进乡村振兴。

福来咨询认为，乡村振兴，融合发展。要坚持农文旅融合、三产融合、产城乡融合、科技融合"四大融合"，实现生态、生产、生活、生意，"四生合一"，融合共振，共同富裕，这是乡村振兴五位一体的最高级形式，也是乡村振兴该有的理想模样。

三产融合，集群化发展

当前乡村产业面临的主要困难是一产向后延伸不充分，多以供应原料为主，从产地到餐桌的链条不健全。二产连两头不紧密，农产品精深加工不足，副产物综合利用程度低。三产发育不足，农村生产生活服务能力不强，产业融合层次低。

闯出新路子，展现新作为。2020年9月18日，习近平总书记在湖南考察时指出，要深入推进农业供给侧结构性改革，因地制宜培育壮大优势特色产业，推动农村一二三产业融合发展。

福来咨询认为，随着美好生活和全民大健康时代来临以及大食物观的建立，大农业必将向大食品大健康大体验方向融合发展。

法国格拉斯小镇被誉为"世界香水之都"，生产着法国三分之二的天然香料，有人说"世界的香水在法国，法国的香水在格拉斯"。早在17世纪，格拉斯小镇主要产业还是皮革产业，人们用自制的香水是为了去除皮革的异味。但后来随着皮革产业对环境污染的日趋加剧，人们开始逐步淘汰皮革产业，而转向香料香水加工制造产业，目前形成集香水制造、研发教育、香水文化体验、花田观光等产业为一体的香水产业集群。世界顶级品牌香水的香精都在这里生产，风靡世界的"香奈儿5号"就诞生于此。

格拉斯目前已成为全球高科技香水的研发中心，知名香水品牌如LV、迪奥、香奈儿等均在这里设立研发中心。在格拉斯，你可以了解到与香水相关的一切。每年大量游客及香水爱好者奔赴此地，不足50平方公里的小镇，接待旅游人数达200多万人。

一碗螺蛳粉"嗦"出大产业。2021年，柳州螺蛳粉全产业链销售收入达501.6亿元，通过快递渠道寄出的袋装柳州螺蛳粉突破1亿件，畅销28个国家和地区，成为广西首个年寄递量过亿的单品。目前柳州螺蛳粉实现了一二三产业融合发展，全产业链带动30多万人就业，带动原材料基地规模达55.2万亩，助力20多万名农民人均增收近万元。螺蛳粉成为当地产业振兴、乡村振兴的新引擎。

北京向西一步，就是中国薯都乌兰察布。福来咨询助力乌兰察布马铃薯产业升级，以区域公用品牌为抓手，构建"1＋2＋N"业务模式（"1"是核心业务，做强种薯，培植薯种"芯片"；"2"指"两翼"，"鲜食薯＋精加工薯"；"N"指依托马铃薯主粮化战略，开发马铃薯健康美食）。以世界500强蓝威斯顿以及华颂、民丰、中加、希森等龙头企业为经营主体，打通一二三产业，激发产业活力，完善产业链，提升价值链，实现集群化发展。除了常见产品，还以马铃薯为原料生产微生物培养基、乳酸发酵剂、营养增补剂、变性淀粉等众多工业产品，全产业链产值约66亿元，助推乌兰察布马铃薯产业从高数量向高质量发展，走出一条把"山药蛋"变成"金蛋蛋"的产业振兴之路。

乌兰察布马铃薯参展

山东省金乡县是全国闻名的大蒜之乡，政府以大蒜产业为主导，建设现代农业产业园，已经形成"一心（现代农业科技集成创新中心）、一轴（农旅深度融合与生态景观轴）、三基地（现代农产品综合物流基地、农业高新技术产业化示范基地、农村创业创新孵化基地）、三片区（特色农产品加工片区、特色高效农业规模化种植片区、工厂化现代农业展示引领片区）"集群化布局，现有速冻蒜米、脱水蒜片、大蒜精油、发酵黑蒜、硒蒜胶囊等100多个产品。山东金乡，打好金"蒜"盘，带领百姓走上致富路，成功入选省部共同打造乡村振兴齐鲁样板示范县。

三产融合的战略引擎是国家现代农业产业园区，中央一号文件连续三年作出了系列的部署。按照中央要求，农业农村部和财政部共同推动这项工作，三年投入了上百亿元，现在已经创建了250个国家级现代农业产业园。每年中央财政支持新创建50个国家现代农业产业园、40个优势特色产业集群、200个农业产业强镇，将其打造成推动乡村产业振兴的有力抓手。

另外，为充分发挥示范引领作用，加快推进农村一二三产业融合发展，国家同步开展农村产业融合发展示范园创建工作，各地结合实际，可充分挖掘地区特色，围绕农业内部融合、产业链延伸、功能拓展、新技术渗透、产城融合、多业态复合6种类型，有针对性地创建农村产业融合发展示范园，让农民更多分享农村产业融合发展红利。

截至2022年，国家农村产业融合发展示范园已经认定三批，在培养多元融合主体、创新收益分享方式、破解产业融合发展、带动农民增收致富等方面，探索示范经验，发挥样板作用。

园区创建通过入园企业与农户建立契约型、分红型、股权型等多种合作方式，资源变资产、资金变股金、农民变股东，让农民更多地分享二三产业增值收益。

同时，园区可通过培育加工业、服务业，把农产品生产加工与观光旅游休闲有机结合，突出地方特色和文化内涵，让园区变景区、田园变公园、产品变商品、农房变客房，让广大农民安居乐业，走上共同富裕之路。

文化为脉，农文旅融合

党的二十大报告中提出要"发展乡村特色产业，拓宽农民增收致富渠道""坚持以文塑旅、以旅彰文、推进文化和旅游深度融合发展"，这为农文旅发展指明了方向。

农文旅融合是以"农业为基、旅游为形、文化为脉"的理念，统筹农业文化和旅游产业，促进互动互补、互促互进，融合发展，创造"1＋1＋1＞3"的效果。

文化是脉络，旅游是载体。推动农文旅融合必须激活文化力量，激发文旅产品供给侧活力。

一要挖掘文化特色。立足乡村本土文化，深入挖掘民居、民俗等各类特色文化资源，推动形成"一村一文化，一村一特色"的文化格局，让农文旅融合更有看头。

二要整合文化资源。要把农村特色文化资源整合起来，把文化与美景整合起来，打造集生态度假、农业观光、文化体验为一体的农文旅融合项目。

三要打造文化品牌。积极举办各类文化旅游节、旅发会等节会庆展活动，加大宣传推介力度，做好文化IP打造，推动夜间经济、乡间经济、网间经济等"三间"发力，提升参与性、娱乐性、互动性消费体验，完成美丽乡村、美好乡居、美味农品的"三美融合"，激发乡村振兴内生动力，助推乡村振兴。

十几年前，一部大热电视剧《又见一帘幽梦》将普罗旺斯这个遍地薰衣草的城市带入了中国观众的视野，使之成为无数人心驰神往的地方。如今，普罗旺斯已经成为法国最美丽的乡村度假胜地，每年都会有数以万计来自世界各地的游人不远万里前来一睹它的风采。这里成为法国城乡一体化和文旅融合的重要缩影。

普罗旺斯薰衣草庄园

来吉安，上井冈山。江西吉安是革命摇篮井冈山所在地，发展农业有三大王牌：红色圣地、生态要地、品质高地。福来咨询跳出单品类和多品类模式，为吉安市构建农文旅一体化融合发展模式。整合最大红色IP"井冈山"，通过打造井冈山品牌，实现产业营销深度、旅游营销黏度、文化营销高度"三度合一"，借场景、讲故事、树价值、传美名。项目目前正在全方位策划中。

在西安周边有个关中民俗第一村——袁家村，它位于礼泉县北部，唐帝陵昭陵所在的九嵕山下，年接待游客高达600万人次以上，年旅游收入超过10亿元，带动周边10余个村万余名农民富了起来，成为全省乃至全国最受欢迎的乡村旅游目的地。

袁家村距离西安市70公里，靠什么能让人来？袁家村主打关中民俗风情文化，以村民为主体，以村庄为载体，恢复关中民俗文化，重建乡村生活，打造了真正意义上的关中民俗乡村旅游，让在城市生活的人们到这来消解乡愁。同时嫁接旅游农产品,把民俗小吃街的豆腐、酸奶、醪糟、辣子、粉条、菜籽油等传统作坊组建成农民专业合作社。通过村民入股、交叉入股,袁家村全体村民形成了一个紧密联系的利益共同体。

袁家村走出一条特色农文旅融合之路,从空心村成为网红村。如今行走在袁家村,传统手工作坊、民居客栈、名人雅居随处可见。村容美丽、乡风文明、生活富裕,有钱赚、有茶喝,三五知己聊人生……成为人们向往的"美好生活"。

新会陈皮作为广东乡村振兴的亮丽名片,近年来积极推动"陈皮＋文化""陈皮＋旅游"农文旅融合,掀起产业发展新高潮。创建了中国首个总占地面积25万平方米,集休闲养生、生态文化体验、陈皮交易等多功能于一体的大型特色农业商业文化综合体,被评为国家特色景观旅游名村、广东省中医药文化养生旅游示范基地。目前,新会陈皮种植面积达到10万亩,产值逾100亿元,带动全区5万多人就业,成为全国乡村产业振兴示范基地。

湛江徐闻素有"中国菠萝之乡"的美称,有着得天独厚的生态环境,菠萝种植面积35万亩,年产量达79.6万吨,约占全国的1/3,鲜果产值达到25亿元。徐闻创新"农业＋旅游"模式,全力提升"菠萝的海"最美乡村风貌带,打造"广东最美旅游公路""菠萝的海彩虹公路""七彩田园""菠萝驿站"等网红打卡点,实现文旅服务产业深度融合发展。2021年"五一"以及国庆假期期间,前往"菠萝的海"进行农业观光和乡村旅游的游客日均接近1万人次,成为农文旅融合的广东样板。

鲁家村,位于浙江安吉,利用良好的生态,以"公司＋村＋家庭农场"模式,启动了全国首个家庭农场集聚区和示范区建设,让农田变农场、小村变景区、村民变股民。不仅吸引外出务工村民回乡创业,还引来10多亿元工商资本,涌现出18个家庭农场,整个村庄也成了4A级景区。开门就是花园,全村都是景区。2019年鲁家村接待游客60万人次,旅游创收过千万元,成为中国美丽乡村的新坐标。

横州以中华茉莉园为支点，撬动横州"花山水瀑"旅游资源，对中华茉莉园、西津国家湿地公园、宝华山风景区、九龙瀑布群国家森林公园等核心景区进行整合开发，推进茉莉花生态公园和茉莉小镇文旅项目，构建"茉莉闻香之旅"旅游品牌，建设全域旅游示范区，打造世界茉莉花主题旅游目的地。以"好一朵横州茉莉花"为牵引，看花海、闻花香、听花曲、品花宴、赶花会、抢花彩、闹花灯、沐花浴，构建横州闻香之旅品牌，串联带动全域旅游体系。2019年横州全年游客达533.28万人次，总消费达52.32亿元。

横州茉莉花秀

旅游业作为幸福产业之首，已经成为"小康生活标配、美好生活必备"。用农业为旅游增加体验感和魅力值，用旅游为农业增加流量和即时消费。

从全球实践看，波尔多葡萄酒、荷兰郁金香、日本宇治抹茶等都是通过三产融合、农文旅融合，成为世界品牌农业和乡村振兴的标杆。

打造支点，产城乡共振

2015年，国家11个部门联合发文建设国家级产城融合示范区，推动产业和城镇融合发展，走"以产兴城、以城带产、产城融合、城乡一体"的发展道路，加快产业园区从单一的生产型园区经济向综合型城市经济转型。

2019年国家发展改革委、中央农村工作领导小组办公室、农业农村部等18个部门联合印发《国家城乡融合发展试验区改革方案》，突出以工促农、以城带乡，促进城乡生产要素双向自由流动和公共资源合理配置，缩小城乡发展差距和居民生活水平差距。

2021年中央一号文件强调，加快县域内城乡融合发展。2023年中央一号文件强调健全城乡融合发展体制机制和政策体系，畅通城乡要素流动，统筹县域城乡规划建设，推动县城城镇化补短板强弱项，加强中心镇市政、服务设施建设。

党的二十大报告强调，坚持城乡融合发展，畅通城乡要素流动，着力推进城乡融合和区域协调发展，推进以县城为重要载体的城镇化建设。这是新时代党和国家对县城在我国城镇体系中的地位和作用的全新定位。

党中央已经明确了乡村振兴的顶层设计，各地要科学把握乡村的差异性，因村制宜、精准施策，打造各具特色的现代版"富春山居图"，实现城乡一体的规划全覆盖，突破乡镇、村庄行政界限。

从产城融合，到城乡融合，在乡村振兴国家战略之下，福来咨询认为要更进一步实现产业、城市、乡村大融合发展之路，以产兴城、以工促农、以城带乡、以乡促产，产城乡融合。

阿基米德说过："给我一个支点，我能撬起地球。"乡村振兴，产城乡一体，同样需要一个落脚点和着力点，也是产业共振的支点。

这个产业共振的支点，可能是区，如国家农业现代化示范区、中国特色农产品优势区；可能是园，如现代农业产业园、横州中华茉莉园；可能是群，如优势特色产业集群；可能是镇，如盱眙龙虾产业小镇；可能是体，如田园综合体；可能是村，如袁家村；可能是馆，如中国枸杞博物馆；还可能是特色之乡，我国自1995年开展"特产之乡"推荐活动以来，至今已推荐宣传了上千个"特产之乡"，但真正做到产业兴旺的并不多。获得产业之乡是一个荣誉、是基础，还要进一步推动往产业之都的方向谋发展。

中国茉莉小镇

产业之都是产业之乡的升级版，不仅是更大的规模更高的产值，更体现了城乡融合发展的重要因素。就像横州从中国茉莉之乡到世界茉莉花都，就像最近比较火的玉树牦牛之都、临颍的数字辣椒之都，都是谋划从特产之乡到产业之都的更高水平融合性发展。

好一朵横州茉莉花。横州市茉莉花和茉莉花茶产量占全国的80%、世界的60%。2006年6月横州被授予"中国茉莉之乡"称号。为了加快推进茉莉花产业升级，推进茉莉花产业高质量发展，横州坚持茉莉花"标准化·品牌化·国际化"产业发展方向，按照"强龙头、补链条、集聚群"思路，不断延伸茉莉花产业链、价值链，在抓好茉莉花标准化种植、发展中高端茉莉花茶的同时，开展茉莉花产业全球招商，高标准打造"茉莉花＋花茶、盆栽、食品、旅游、用品、餐饮、药用、体育、康养"的"1＋9"产业集群。

　　横州市坚持以"店小二"的服务理念，推动不同业态成片布局、不同要素成片集聚，更好发挥集聚效应，让横州茉莉花产业"成链、成片、成群"。抢占茉莉花世界文化的制高点，推动茉莉花景观化、茉莉花文化日常化，让茉莉花文化"飞入寻常百姓家"。

　　横州通过世界茉莉花大会，融入"南宁渠道"，深化拓展与东盟等"一带一路"沿线国家和地区的经贸合作、人文交流。加快推进中国茉莉小镇、茉莉花文化创意产业园、茉莉花文化大典、茉莉文化风情街、茉莉花文化博物馆等一批重大文旅项目建设，积极引进茉莉花主题酒店，建设全球最大的茉莉花康养中心、茉莉婚庆基地，打造世界茉莉花文化旅游目的地，让茉莉花文化"成风、成桥、成色"。

茉莉花文化大典

　　横州加快完善产权制度和要素市场化配置，充分利用现代交通建设、城市发展机遇，做大做强世界茉莉花产业中心的城市发展格局，以茉莉花产业升级引领产业、城市、乡村融合发展，成为南宁首府市域经济增长极。2019年，横州被国际花园协会授予"世界茉莉花都"。

走进横州市看花海、闻花香、听花曲、品花宴、赶花会、抢花彩、闹花灯、沐花浴……具有鲜明茉莉印记、产城乡融合的世界茉莉花都正加速形成。

特色小镇是特产之乡的延伸版。从城市化到城镇化，就是通过发展特色鲜明、充满魅力的产业小镇和小城镇，以镇带村、以村促镇、镇村联动，构建以小镇为中心的农民生活圈，推动农业转移人口就地就近就业、过上城镇化生活。推动产业小镇发展，能够同时对城市和乡村产生带动作用，畅通城乡经济循环，促进城乡经济社会一体化发展。

依云小镇是全球案例。1789年一个贵族用依云水治愈肾结石的传奇故事，将高附加值的天然矿泉水卖遍全球，并把一个7000多人的小镇打造成全球著名的康养休闲小镇。小镇从初期的疗养胜地，到水主题的养生度假胜地，进一步发展为集旅游度假、康养、运动、商务会议等多功能于一体的综合型养生度假区。依云小镇的发展路径，是全球乡村振兴、产城乡融合的经典范本。

正在建设的盱眙龙虾小镇总投资150亿元、占地3.36平方公里。通过全产业链的打造，小镇将集聚企业300家、新增就业岗位15000个，

本书作者娄向鹏夜访依云小镇，探寻依云矿泉水的发源地

并成为盱眙全域旅游的强大推手，每年吸引游客100万人次。作为盱眙龙虾品牌战略咨询合作伙伴，福来咨询协助打造的"盱眙龙虾"区域公用品牌，将进一步推动和提升盱眙龙虾产业的品牌化、融合化和价值化高质量发展。

盱眙县委、县政府聘请本书作者娄向鹏为"盱眙龙虾小镇名誉镇长"

产城乡一体，充分释放农业多重功能，提供优质产品，传承乡村文化，满足人民日益增长的美好生活需要。让农业成为有奔头的产业，让农民成为有吸引力的职业，让农村成为安居乐业的美丽家园。要留住本地年轻人，还要留住外来人才，让乡村振兴得以健康可持续发展。

科技融合，数字化发展

从2005年启动的新农村建设到2017年的乡村振兴战略，目前我国已经在乡村形成数以百万亿计的设施性资产，解决了全国所有行政村一级的"五通进村"（即水、电、路、气、宽带进村）。"互联网＋"时代，大众创业、万众创新可以直接深入到乡土社会的深处。

随着《数字农业农村发展规划（2019—2025年）》的发布，我国数字农业也日益从顶层规划走向实践落地，传统与科技融合，让广大农民共享数字经济发展红利。

数字农业一端连着科技，一端连着农业。用大数据、物联网、人工智能、区块链、5G等技术，努力实现农业生产智能化、农业管理高效化、农业经营网络化、农业服务便捷化，改变了国人对农业的认识，成为乡村产业振兴新引擎。

临颍县地处河南省中部，是典型的平原农业县。如何在保障粮食安全的基础上高效增加农民收入？临颍县转变农业发展方式，着力推进"麦椒套种、全产业链发展"模式，并通过将5G、物联网、大数据、人工智能等信息技术应用于全产业链，推动辣椒全产业链数字化升级，重构辣椒产业体系，打造"数字辣椒之都"。同时联手福来咨询实施公用品牌战略，用品牌为数字辣椒产业塑造灵魂和价值，让内部成就转化成外部成果，走促进产业提质、农业增效、农民增收的新时代农业高质量发展之路。河南省委书记楼阳生于2022年2月9日参观调研临颍辣椒现代农业产业园时感叹道："从浙江到陕西再到河南，最大的困惑，就是现代农业怎样既能保证粮食安全，又能让农民增收，终于在这里找到了答案！"

临颍数字辣椒示范基地

目前，临颍县辣椒种植面积44.3万亩，全县辣椒初加工企业300余家、精深加工企业13家，成功引进海底捞、老干妈、卫龙、南街村等知名企业，成为豫中南最大的小辣椒产业集散地，年交易额55亿元，带动12万人就业增收。数字化推动小小辣椒产业走上了高质量发展的快车道，临颍县先后荣获全国首批国家数字乡村试点县、河南省乡村振兴示范引领县等荣誉。

广西横州在全国率先建设"数字茉莉"管理体系，推动种植方式由粗放向精细转变。以"智能＋数据"建立种植标准体系，提高产量，保障茉莉花品质和质量安全，实现花期普遍延长一个月至一个半月，每亩增产约100千克，花农每亩综合增收2000元以上。

建设"数字茉莉"交易体系，推动鲜花交易由线下向线上转变。以"智能秤"规范交易机制，利用智能手机和移动支付进行茉莉鲜花的交易，确保茉莉鲜花可追溯，并形成交易大数据。和中国建设银行联合创新发行"茉莉花卡"，花农和鲜花收购商统一通过"数字茉莉"手机App扫码完成交易和支付，安全、方便、快捷，提高效率、节省交易成本。"数字茉莉"对茉莉鲜花价格进行实时预测，形成更精准的农产品交易指导价并发布，科学规范市场定价，保护农民利益。

建设"数字茉莉"服务体系，推动服务方式由分散向集约转变。在"数字茉莉"交易系统中引入评价与信用机制，创新金融服务方式，在手机上提供"一键式"普惠金融服务，实现最快2分钟放贷，解决融资难问题。建立"全覆盖"电商物流服务机制，快递服务费首重从每单8～10元降到每单4～6元。通过"数字茉莉"大数据平台进行供需匹配，提高供应链效率，降低库存，节约成本，实现供需互通。

横州通过构建"数字茉莉"大平台，大力发展数字经济，被中央网信办、农业农村部等七部委确定为首批国家数字乡村试点地区。

作为国内现代农业龙头企业之一，云天化集团在数字农业领域做了许多卓有成效的探索。云天化与京东集团强强联手，在西双版纳勐海县打造了云南省首家智慧农业高标准水稻示范基地——"京东农场"，以1500亩基地辐射带动周边50000亩高品质水稻种植。云天化整合科研、种植、收储、加工、品牌流通、商贸等水稻产业资源，以智慧农业实现香米和农产

横州数字茉莉

品从田间地头到城市餐桌的全链条品质管控。云天化用工业化思维、数字化赋能发展农业，以"共享体验＋智慧农业＋价值共享"的创新模式，开辟了一条现代农业高质量发展的新路径。

习近平总书记在党的二十大报告中明确提出，加快发展数字经济，促进数字经济和实体经济深度融合。这为数字农业产业发展指明了方向、提供了遵循。

坚持以数字化改革为牵引，着力推动"数字产业化，产业数字化"，大力推进农业数字化转型升级、平台打造、服务提升、质量管控和人才培养，努力建设全国数字农业产业发展新高地，使之成为乡村振兴的新动能。

四生合一，理想模样

民族要复兴，乡村必振兴。什么才是"乡村振兴，品牌引领"的理想模样？

乡村振兴的理想模样，简单表述就是四个要素：生态、生产、生活、生意。生态美，人们愿意来；产业特，人们愿意买；配套全，人们愿意住；收入多，人们愿意留。

好一朵横州茉莉花。南宁横州市正在积极探索一条"品牌引领、四园共治、四生合一"的发展路径，在这里我们依稀看到了乡村振兴的理想模样，看到了乡村振兴的美好新图景。

首先，在品牌引领上坚持"四位一体"，即区域公用品牌、产业品牌、城市品牌、农文旅品牌"四位一体"。横州茉莉花通过品牌建设，把品牌植入城市的每一个细胞，共同推动横州区域经济社会高质量发展。从横州茉莉花的案例，我们看到农业品牌建设的终极路径和逻辑就是"四位一体"。

其次，发展路径上坚持"四园共治"，每两年在一批试点村创新实施家园、田园、产业园、生态园"四园共治"。

通过建立健全政治引领自治、德治、法治、智治、美治相结合的"六治"乡村治理体系，打造人和居美家园。

重点把茉莉花文化作为横州市最鲜明的田园印记，推动茉莉花融入景观、融入日常，让茉莉花文化"飞入寻常百姓家"，塑造乡村形、实、魂、力，打造乡愁甜美田园。

重点建设健康特色农产品加工产业园、茉莉极萃园、国家"双创"示范基地等产业平台，辐射带动农业兴起来、农民富起来，打造发展壮美产业园。

重点建立秸秆利用、垃圾分类、水域治理机制，助力农村环境全域实现乡村秀美，在家园、田园、产业园治理的基础上，打造各美其美的生态园。

在此基础上，横州立足茉莉花产业，通过设施嵌入、功能融入、文化代入等举措，不断提升乡村品质和文化魅力，融入新业态、带动新消费，完美实现生态、生产、生活、生意"四生合一"，探索乡村美、产业旺、文化兴、农民富、生态优的乡村振兴之路，打造乡村振兴"四园共治、美美与共"的"横州样板"，绘就乡村高质量发展的美好画卷，实现横州版的"富春山居图"。

从全球实践来看，在瑞士，我们也看到了乡村振兴的理想模样。

生态美。瑞士的乡村，人与自然和谐相处，生态环境美好，吸引了世界各地的游客慕名而来。

瑞士美丽乡村

产业特。通过"特色产业＋田园风光"，形成区域特色经济的品牌效应。

配套全。政府出资完善基础设施和农村公共服务体系，城乡之间交流非常便利。

收入多。随着乡村旅游的繁荣，越来越多的农民逐渐脱离单纯的农业生产活动，进入工业、旅游、商业相关的服务业，综合收入增加，实现农民在农村乐业安居。

这些都是瑞士乡村振兴的"好药方"。同样，在法国、荷兰、新西兰等，也都能看到类似瑞士乡村振兴的理想模样。

2015年7月16日，习近平总书记在光东村稻田提出"粮食也要打出品牌，这样价格好、效益好"，这是"乡村振兴，品牌引领"的最强音和最高指示。

　　光东村牢记总书记的嘱托，依托民俗风情和大米品牌"圣地"优势，积极发展三产融合，打造集农产品生产销售、民俗旅游、观光体验、风味餐饮等功能于一体的现代农村田园旅游新区，形成"旅游＋文化""旅游＋研学""旅游＋民宿"的全域旅游发展格局。2021年，国庆期间，光东村日客流量达8000余人，全年游客量达27万人次，旅游收入达683万元。

　　"红太阳照边疆，青山绿水披霞光，长白山下果树成行，海兰江畔稻花香……"而今的光东村正如歌曲中描绘的那样充满生机，成为白山黑土之间乡村振兴的一张靓丽名片。

　　乡村振兴，品牌引领。你若花开，蝴蝶自来。

2022年7月16日，娄向鹏线上出席吉林粮食品牌论坛

好一朵横州茉莉花
"乡村振兴，品牌引领"的横州实践

第一章
横州茉莉花，六百年的新故事

　　横州（2021年2月3日，横县撤县设市，后文提及横县统称横州）位于广西东南部，居郁江中游，属亚热带季风气候，年平均降水量1544.6毫米，年平均日照1482.7小时，优良富硒土壤达28.92万亩，得天独厚的自然生态环境，孕育了丰富多彩的农业资源。

　　横州户籍人口127万人，是典型的农业大县，这里是中国茉莉之乡、中国双孢菇之乡、中国甜玉米之乡、中国大棕美食之乡，桑蚕产量居广西前列，是全国最大的早熟荔枝"三月红"生产基地，广西最大的果蔬和大头菜生产基地，是全国商品粮、糖料蔗生产基地县，全国生猪调出大县，水产畜牧总产值名列广西前茅。

　　乡村振兴，产业是基础，品牌是抓手。资源总是有限的，再多的优势产业也不能齐头并进，必须进行产业寻根，明确主导产业，重点打造，不然个个吃不饱，个个养不大。横州的产业之根是什么？对横州而言，需要面临十选一的产业难题。那么，横州应该如何选择和确定自己的主导产业呢？

　　福来咨询认为作为主导产业要具备五种能力：特色力、供给力、带动力、领导力、前瞻力。通过五力模型的过滤，横州主导产业渐渐浮出水面。

主导产业：千年古横州，情定茉莉花

　　也许你没有来过横州，但你十有八九喝过横州茉莉花茶。

　　横州种植茉莉花已经有六百多年的历史，明代横州州判王济在《君子堂日询手镜》中写道："（横州）茉莉花甚广，有以之编篱者，四时常花。"
横州茉莉花和茉莉花茶产量均占全国总产量的80%以上，占世界总产量的
60%以上。这里是全国最大的茉莉花生产基地、花茶加工基地和全国最大
的花茶批发、交易集散地。2015年国际茶叶委员会授予横州"世界茉莉花
和茉莉花茶生产中心"。

从自然条件看，茉莉花选择了横州。横州独特的生态环境，天生适宜
茉莉生长。横州茉莉花每年4月开始采摘、上市，花期长达8个月之久。横
州茉莉花，花期早、花香浓、花蕾大、花期长。好花方能窨好茶，横州茉
莉花深受全国茶企、茶商追捧。

从产业发展看，横州选择了茉莉花。历届市委、市政府视其为农业产
业化发展的标杆，更将其作为一项民生工程，精心培育市场，延伸产业链，
有力推动了产业的发展壮大。横州建立了茉莉花专家大院、茉莉花标准化
生产基地、茉莉花茶标准化加工基地、中国茉莉花（茶）产品质量监督检
验中心、茉莉花产业核心示范区、茉莉花茶电子商务中心及中国茉莉花茶
交易中心市场，全面完善茉莉花产业的生产、加工、销售、交通、服务、
信息、旅游、管理等保障体系，并且成功举办多次全国茉莉花茶交易博览
会和中国（横州）茉莉花文化节。

横州集聚了包括北京张一元、浙江华茗园、台湾隆泰在内的130家花

茶企业，建有全国最大
的茉莉花及花茶原料市
场——西南茶城，形成了
产全国花、窨全国茶、卖
全国茶的产业格局。星巴
克、娃哈哈、统一、康师
傅等知名茶饮公司所使用
的茉莉花原料有80%以上
产自横州。

横州茉莉花海

跳出产业看产业，跳出横州看横州。横州茉莉花是当地覆盖最广、带动农户最多、经济效益最好的特色支柱产业，有力推动了地方经济的快速发展。横州茉莉花早已奠定了其规模地位和无可撼动的产业实力，是久负盛名的"世界茉莉花（茶）生产中心"，产业地位和规模优势是横州主导产业的不二之选。

茉莉花选择了横州，横州选择了茉莉花。横州，因花而美、因花而兴、因花而名，承载着人们对茉莉花的无限遐想。在主导产业选择上，福来咨询与横州市主要领导一拍即合，情定茉莉花，确定以香飘世界的茉莉花产业为主导，打造"山水古横州，东方茉莉城"的横州发展战略。通过茉莉花品牌的打造，提高"横州"品牌的认知度和美誉度，进而带动其他产业和区域社会经济整体高质量发展。

无奈与困惑：茉莉花行业的"幕后老大"

外表光鲜的背后，横州茉莉花产业也有自己的无奈与困惑。

困惑一：为茶企作嫁衣，默默奉献。每年4—10月，来自全国各地的茶企用大麻袋拉来茶坯，窨制后大麻袋拉走花茶。横州茉莉花，屈身花茶做幕后配角，产区没有品牌化，导致品牌认知度较低，用自己的芬芳成就他人的光芒。

困惑二：增值环节少，总体附加值低。横州是目前全国最大的花茶窨制基地，虽有北京张一元、台湾隆泰、浙江华茗园等茶企在当地建厂，立顿、星巴克、统一等国际巨头常年采购，但多以原料加工为主，增值环节较少，总体附加值不高。

困惑三：产业缺根少魂，没有品牌内涵和形象。全国众多花茶企业在包装及宣传上没有体现横州产区，没有为横州茉莉花扬名。有产业，却缺乏产业品牌和声誉。

有老大的规模，没有老大的地位。无论是茉莉花，还是茉莉花茶，单从量来讲，在行业和渠道领域有着绝对的占有率，但是市场不知道，消费

者不了解，是典型的名不符实，标准的隐形冠军。对于产品的定价、品牌的声势、消费者心智的认知，离老大的地位依旧有着较大差距。

2018年，横州市牵手福来咨询，开启了横州茉莉花作为国家级农产品品牌的绽放之路，从此横州茉莉花六百年来的新故事开始上演，乡村振兴的时代号角已然吹响。

娄向鹏与横州市委书记黄海韬

第二章
战略寻根：一字之差，聚焦茉莉花

福来咨询认为，区域公用品牌建设，不能简单理解成品牌或产品策划，要放到战略高度进行产业顶层设计。首先要为产业找到可持续发展的战略根基。有根的战略才能积累核心竞争力，实现品牌基业长青。没有战略之根的产业，做不强、长不大。

为什么许多地方产业有特色，基础也很好，发展却后劲乏力、不可持续？一个很重要的原因就是没有战略或战略无根。

战略之根是基于社会及市场生态环境做出的根本性抉择，是产业生存和发展的根基，是安身立命的事业地盘。它明确了做什么不做什么，先做什么后做什么。然后围绕战略之根，再进行目标设定、路径规划，形成清晰可持续的产业发展蓝图。

立足未来、规划现在，横州茉莉花产业根植于何处？

是花是茶，产业根植何处

战略就是做选择，明确品类边界。守好边界，不走弯路。花与茶，不同品类，不同行业，不同竞争强度。二者之间，还要进行分析抉择。

花茶在整个精制茶品类中占比仅有5％。2018年中国茉莉花茶总产量约11.36万吨，占全国茶叶总产量的4.06％；同年中国茉莉花茶农业产值为121.95亿元，占全茶类总产值的5.09％。可见，目前花茶品类所占份额非常小。

　　横州茉莉花占据大半壁江山，优势明显。2018年，全国茉莉花种植面积为19.35万亩，其中广西横州11.3万亩，四川犍为5.1万亩，福建福州2.5万亩。同年，全国茉莉花总产量12.8万吨，其中，横州茉莉花产量9.6万吨，犍为1.4万吨，福州1.1万吨。

　　全国茉莉花市场均价保持平稳，横州茉莉花价格低于全国茉莉花成交均价，从规模到价格，都具有很强的竞争力。

　　纵观全国茉莉花格局，横州强在花，福州根在茶，犍为学横州。福来咨询认为横州应聚焦茉莉花，夯实世界老大地位，同时做好茉莉花品类价值传递，做大做强品类。

战略之根：一字之差，聚焦茉莉花

　　基于茉莉花品类边界以及行业地位，福来咨询为横州茉莉花确定的战略之根是"世界茉莉花产业中心"。从花、茶并举到聚焦花，一字之差，战略意图大不同。这背后是两次跨越，两次重大抉择。

　　第一次选择，是花，还是茶？横州要在茉莉花和茉莉花茶之间选择，其实是痛苦的，纠结的。必须站在战略高度，立足未来进行抉择。

　　横州种植茉莉花虽然已有600多年的历史，但由于不是传统优势茶产区，横州茉莉花茶所占据的80%份额，主要是带茶坯加工。花茶，有花才有茶。从竞争对手看，四川犍为紧紧跟随横州，曾经的老大福州茉莉花种植面积锐减。从花茶到花，横州要聚焦茉莉花，这是产业发展的"磁石"，也是必须夯实的根基。

　　第二次选择，从生产中心到产业中心。横州是中国茉莉之乡，世界茉莉花和茉莉花茶生产中心，但这还是立足生产和规模的认知，未来要成为产业中心，聚集核心产业要素，成为生产、研发、技术、人才、文化、交易中心，成为品种、品质、品牌高地。

　　世界茉莉看中国，中国茉莉看横州，这里是世界茉莉花产业中心。这是福来咨询为横州规划的一盘茉莉花产业大棋。

业务布局："非常1＋9"，打造横州茉莉花产业集群

战略之根明确，业务布局也要重构。福来咨询为横州茉莉花制定全新的产业发展思路，从战略之根出发，通过"非常1＋9"业务模式，打造横州茉莉花产业集群。

"1"就是茉莉花，这是战略引擎。通过标准化、品牌化和国际化，实现横州茉莉花从花茶原料生产中心向世界茉莉花产业中心升级。另外，茉莉花，不仅仅可以用来做茶，要"横向＋纵向"，延伸茉莉花产业链和价值链，通过更多场景的产业布局和长短结合的业务组合，将横州茉莉花的价值发挥到极致。

"9"就是通过九大产业来对茉莉花进行延伸。具体来讲，就是以茉莉花为基础，打造茉莉花茶、茉莉盆栽、茉莉食品、茉莉旅游、茉莉用品、茉莉餐饮、茉莉药用、茉莉体育、茉莉康养，从而形成"1＋9"产业集群。

横州茉莉花"1＋9"产业集群

"非常1＋9"，从根本上解决横州茉莉花产业不成链、增值环节少的痛点，促进茉莉花产业升级，引领一二三产业融合、产城乡融合、农文旅融合发展，推动横州从产业、文化、品牌三个维度向世界茉莉花产业文化中

心迈进，推动横州茉莉花产业高质量发展。

战略目标：世界茉莉花都，世界四大花都之一

基于世界茉莉花产业中心，福来咨询认为，横州茉莉花产业的战略目标，就是未来要成为与法国普罗旺斯薰衣草、荷兰利瑟郁金香、保加利亚卡赞勒克玫瑰比肩的世界茉莉花都。世界四大花都，横州占其一，实现从花茶配角到世界之花的战略升级。

实施路径：树品类、抓主体、建生态，三步走

树品类。把区域公用品牌的名片先亮出来。审视横州茉莉花，在行业和专业领域有一定知名度和影响力，是个隐形冠军。树品类就是通过横州茉莉花区域公用品牌塑造，把产业基础夯实，把品类发展壮大，把区域品牌的名片先亮出来、传播出去。通过品牌强花，走优质优价路线，倒逼横州茉莉花产业升级，推动品质化、价值化。

树品类主要有四项职能：优品种、提品质、创品牌、搭平台。

优品种：做好品种选育，打造种质芯片。提品质：坚持优质优价，推动标准化、品质化、价值化。创品牌：打造区域公用品牌，提高知名度和影响力。搭平台：整合资源，搭建产业平台（质量检测、产品追溯、市场服务、金融服务、电商服务等）。

抓主体。强大的企业法人式的市场经营主体的缺失，是中国农业品牌建设最大的软肋和痛点。福来咨询建议专门成立联合体企业——横州市茉莉花发展集团有限公司，作为运营主体。它是横州茉莉花品牌建设、价值提升和产业升级的载体和主体。主要定位和使命是引领横州茉莉花品类价值提升、引领横州茉莉花应用场景扩大、引领横州茉莉花走中高端路线、引领横州茉莉花规范化的运营与管理。在联合体企业的主导下，重点扶持5～10家龙头企业，形成错位竞争，共同推动茉莉花产业高质量发展。

抓主体主要有四项职能：扛旗帜、推产品、拓市场、做品牌。

扛旗帜：代表区域公用品牌，做正宗的代表。推产品：推出代表品类的明星产品，夯实战略之根。拓市场：开拓线上线下市场。做品牌：打造区域公用品牌之上的用户品牌。

建生态。横纵延伸，形成茉莉花产业生态圈。通过引进龙头与培育龙头两手抓，引进了浙江博多、广东卡丝、福建帮利、中欧农业等大企业大集团落户横州，帮扶北京张一元、浙江华茗园、台湾隆泰等龙头企业上规模、上档次、上水平。横向发展，纵向延伸。以产业为载体，以文化为灵魂，以品牌为抓手，一二三产业融合，农文旅养结合，产城乡协同，进行延链补链强链，打造东方茉莉产业园，培育横州经济发展新动能，促进横州茉莉花（茶）优势区和"1＋9"产业集群形成，实现区域公用品牌与用户品牌的共生共荣，促进产业可持续发展的良性循环，助推农民增收致富和乡村振兴。

一枝独秀不是春，百花齐放春满园。未来，横州茉莉花产业将形成以金花、周顺来、张一元、大森、长海、南方等企业为代表的横州茉莉花茶产业群，以莉妃花圃为代表的茉莉盆栽产业群，以好友缘、创志为代表的茉莉食品产业群，以金鼎香为代表的茉莉日化产业群，以巧恩、素氧为代表的茉莉文创产业群，形成科学、健康、可持续发展的横州茉莉花产业集群大生态，促进区域经济做强做大。

关键配称：抢占四大制高点，培育强势竞争力

关键配称，就是用战略之根来统领产业内外资源，夯实"基本功"、修炼"内功心法"。福来咨询建议横州茉莉花要抢占四大制高点，培育强势竞争力，支撑并推动可持续发展，最终实现世界茉莉花产业中心的战略目标。

抢占国家级质量标准制高点。在国家茉莉花及制品实验室和广西茉莉花（茶）产品质量监督中心的基础上，升级为国家级茉莉花（茶）产品质量检测中心。与广西-东盟食品检验检测中心合作共建国家茉莉花及制品质量检验检测中心，抢占标准制高点，掌握行业质量话语权。

抢占国家级技术研发制高点。 聘请中国工程院院士陈宗懋、刘仲华担任横州市茉莉花产业首席发展顾问，开展"院士行"活动，充分借力院士智慧，在横州市茉莉花品种研发、功能研究、生产技术升级、品牌打造等方面给予指导和支持，推动茉莉花产业提档升级。

抢占全球茉莉花产业制高点。 打造全球茉莉花信息、价格与交易中心，成立世界最大的茉莉花产品交易市场，出版《世界茉莉花产业白皮书》，发布全球茉莉花价格指数，建设全球茉莉花大数据中心，把横州建设成为世界茉莉花产业中心。世界茉莉花看横州。

抢占世界级茉莉花文化制高点。 文化是最软的硬实力，用文化滋润产业，产生共鸣，形成话题，促进关注与消费。通过一年一度的"横州茉莉花文化大典"把茉莉花以及横州茉莉花的历史与文脉、传承与发展、生产与消费演绎得淋漓尽致，用文化力为产业赋能。同时，在文化IP挖掘、文创产品打造上形成多元风尚和产业化。未来，将进一步策划打造大型实景演出——《好一朵横州茉莉花》，并争取申请中国乃至世界农业文化遗产。

第三章
品牌找魂：用世界级公共资产赋能

习近平总书记强调，一个国家、一个民族不能没有灵魂。

福来咨询认为，每一个品牌也要有灵魂，魂立则心动。没有灵魂的品牌，如行尸走肉，难以存活于心。品牌就是要有血、有肉、有灵魂。

品牌灵魂不是编出来的，是集体意识的共鸣、感召和满足。有灵魂的品牌，更易成为消费者的心中想、心头好，更易抢占消费者心智。

如何进行品牌找魂？首先洞察消费集体意识中都有哪些关键词？然后进行竞争对照，看看对手抢占了哪些消费集体意识关键词？最后进行自身对照终极抉择，确定品牌灵魂。

品牌灵魂：一朵香誉世界的花

对于横州茉莉花，福来咨询经过三度洞察后，得出消费集体意识关键词主要有三个：第一个是香，花香浓，窨制花茶时，一朵抵两朵；第二个是花期长，每年有8个月的花期（现在已做到一年四季鲜花开）；第三就是老大地位，老大是一种不讲理的市场逻辑，成为品类老大和产业第一，就会成为消费者内心的最强记忆和最值得信赖的品牌。这是一种"奇妙"的消费集体意识，也是品牌找魂的一大逻辑。

横州茉莉花

基于三大关键词，福来咨询为横州茉莉花确立了"香誉世界"的品牌灵魂。一方面把横州茉莉花作为世界老大的产业地位，大张旗鼓地传播出去，同时把"香"的物质价值特性进行直接传达，让行业人士、客户、渠道、消费者和媒体等都了解、喜爱，并且消费和传播横州茉莉花，不断提升横州茉莉花的品牌影响力和品牌附加值，持续为横州茉莉花注入价值动能和发展动力。

重大发现：一个世界级心智公共资产

福来咨询认为，用品牌灵魂嫁接心智公共资产是诞生伟大创意的最佳路径。

文化是农业品牌公共资产的"富集地"，源于文化的公共资产才是经典的、永恒的、可持续的。茉莉花的文化价值是什么？深入研究茉莉花的千年文化史和发展脉络，福来咨询非常激动地发现一个世界级公共资产——歌曲《茉莉花》，这首歌耳熟能详，家喻户晓，常常唱响在国家重大活动现场。

值得一提的是，1921年意大利作曲家普契尼将《茉莉花》的旋律用在他的歌剧《图兰朵》中，促使这首歌曲走向世界，成为东西方共鸣之旋律。

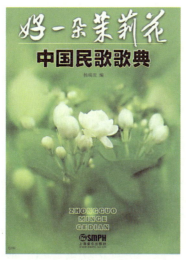
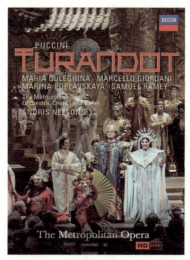

好一朵茉莉花　　　　　　　　　《图兰朵》

也许你不认识茉莉花，但你一定听过《茉莉花》这首歌，其蕴含世界级的巨大心智公共资产，必须最大化地抢占和私有化，为横州茉莉花品牌赋能，形成横州茉莉花品牌资产。

《茉莉花》——经典永流传

◎ 1965年春天，在印度尼西亚举行的万隆会议十周年活动上，中国前线歌舞团演唱《茉莉花》。

◎ 1997年6月30日午夜，在香港回归祖国政权交接仪式开始之前，由中国军乐队演奏《茉莉花》（作为第一首乐曲）。

◎ 1998年春节，在维也纳金色音乐大厅内演奏《茉莉花》（作为中国民歌）。

◎ 1999年12月19日，在中国对澳门恢复行使主权交接仪式上，中国军乐队演奏《茉莉花》。

◎ 2001年，在上海举行的APEC会议文艺晚会上，由百名儿童演唱《茉莉花》。

◎ 2004年8月19日，雅典奥运会闭幕式上来自中国的陈天佳小朋友演唱《茉莉花》。

◎ 2008年8月，在北京奥运会颁奖仪式上（作为背景音乐）播放《茉莉花》。

◎ 2013年，在中央电视台春节联欢晚会上，由宋祖英与席琳·迪翁演唱《茉莉花》。

◎ 2017年4月7日，中美元首会晤期间，特朗普5岁外孙女和外孙献上了中文歌曲《茉莉花》。

品牌口令：好一朵横州茉莉花！节省亿元广告费

世界级的横州茉莉花，需要一句世界级的超级品牌口令。

审视《茉莉花》名曲，"茉莉花"是歌曲的名字，但真正成为最大公共资产的只有一句话——"好一朵美丽的茉莉花"，认知度极高，广为传诵，独立成句，具有广谱性和全球性，是资产中的资产，心智认知价值连城。

如何把"横州"这一主角，用最自然、最巧妙的方式植入？让这句世界级超级话语与横州画上等号，最大化、最充分、最直接地"抢"过来，成为私有资产？

"好一朵横州茉莉花！"

大道天成，这是天赐的品牌口令，将人们对茉莉花文化的超级认知转变成横州茉莉花的超级品牌资产。这是一句全球人都熟悉的超级口令，极具自传播性，听一遍就能记住。业内人士评价，其市场价值与效应不低于一个亿。

价值支撑：用数字的魔力穿透心智

横州茉莉花产量占全国总产量的80%，占世界总产量的60%。这是横州作为"世界茉莉花产业中心"真真切切的实力佐证，但过去只是作为行业的一个数据存在。如何把这个数据事实形象地展现给全球消费者？让消费者感受到横州老大的身份与魅力？让数字产生价值和信任。

越简单有力的价值支撑越能促使消费者行动。借用数字的魔力，把"60%"改为了消费者更容易理解、更容易直观感受到的"十进制"——"10朵里有6朵"。同样的意思，不同的表达，带来不同感受，不同效果，穿透力不同。

全球10朵茉莉花，6朵来自广西横州！这里特别加上广西地域，因为很多人不知道横州在哪儿，加上"广西"能加分赋能。用可感知的数字精灵，为"香誉世界"的品牌灵魂进行直观演绎，一字入心。同时，也用数量，将品牌口令的"好"字进行可感知的支撑和映照。

"好一朵横州茉莉花"品牌口令，配上"全球10朵茉莉花，6朵来自广西横州"的价值支撑，极简极致，低调霸气，一句顶一万句，老大地位无可争议。一个"好"字，蕴涵"好生态、好品质、好口碑、好地位"四个好。"四好"合"一好"，怎能不让人点赞叫好！

横州茉莉花品牌主视觉

品牌字体：弘一法师体，相得益彰

什么样的品牌字体才能配上世界级的超级品牌口令？

唯有弘一法师体。

弘一法师（李叔同）最早将西方油画、钢琴、话剧等引入国内，是通贯东西的文化大使。其字体风格恬静、空灵，纯真中蕴含大智慧、大气度、大境界，韵味非凡，与横州茉莉花的文化基因相得益彰。

好一朵横州茉莉花

横州茉莉花品牌字体

品牌标志：香气"横"溢，极简极致

福来咨询认为，品牌标志的设计有三大原理：识别性、象征性和应用性。

识别性。要一目了然地传达品牌相关信息，如名字、根与魂、行业属性，或地域概念。

象征性。有象征意义，有看头，有说头，能够成为口口相传的品牌资产。

应用性。放大、缩小、不同材质、不同工艺、管理或授权的科学应用。

区域公用品牌标志设计，要兼具地域性、文化性和授权属性。地域名称就是创意原点，一个"横"字建立鲜明地域差异。

福来咨询以"横"为发端，创意设计了"横字标"，将江南窗棂、茉莉花、茶杯以及香气完美演绎，将茉莉花背后深厚的东方传统文化意蕴进行场景式高效传达，独特、专属、简约，充满东方美学韵味。

横州茉莉花品牌标志

品牌图腾：三位一体，激活三大感官

成功的品牌都有一个伟大的图腾。品牌图腾是最具代表性、差异化、个性化的品牌形象载体。读图时代，品牌图腾是塑造品牌的重要因素，能让品牌第一时间可视、可感、可知、可爱。

品牌图腾的本质是对公共资产的抢占。牡丹真国色，茉莉乃天香。福来咨询基于茉莉仙女下凡的文化传说，创意了"横州茉莉仙子"的视觉图腾。

横州茉莉仙子，脸部五官更加立体传神，发型参考汉朝女子直高发髻，搭配茉莉花头饰，清新脱俗，彰显东方之美；茉莉花放大，凸显行业属性；遵循汉服腰部装饰美，结合古装神话仙女腰部装饰特点，契合茉莉仙子下凡；袖宽且长，袖口装饰壮族传统纹饰，体现茉莉仙子与广西的历史渊源。

横州茉莉仙子，源于公共资产，改造并占有公共资产，将公共资产私有化。

福来咨询还将《茉莉花》歌曲进行改编，构建横州茉莉花品牌听觉图腾《好一朵横州茉莉花》：

"好一朵横州茉莉花，好一朵横州茉莉花，全球10朵茉莉花，6朵来自横州呀，用好花来窨好茶，横州茉莉花，茉莉花呀！茉莉花！"

另外，基于横州茉莉花香气浓郁、鲜灵持久的特性，我们又导入嗅觉图腾。闻香识花，闻香识横州，形成独特的"横州茉莉香"。横州打造了具有仪式感和媒体化的嗅觉图腾——横州茉莉花球和茉莉花鼓。

横州茉莉花嗅觉图腾

茉莉花球用鲜花编制，嘉宾出场时由礼仪小姐现场献上，增强礼仪感，并能随时品味横州茉莉香，强化品牌记忆。横州茉莉花鼓，采用壮族铜鼓元素，内置茉莉干花，作为特色礼品，成为进入家庭的品牌广告，随时进行品牌提醒。在横州的宾馆里，精心放上的一盘横州茉莉鲜花，常常令客人深深"陶醉"，流连忘返。

福来咨询为横州茉莉花创意视觉、听觉、嗅觉三大图腾，三位一体，产生了强大的品牌叠加效果。

文化族谱：挖掘茉莉族谱，抢占文化制高点

人皆有源，家必有谱。一部横州茉莉花产业发展史，就是一部东西方文化交流史。福来咨询深入研究茉莉花发展史，以"源、承、兴、盛、誉、香"六个关键字，构建横州茉莉花文化族谱，抢占茉莉文化制高点和话语权，彰显并夯实产业老大地位。

源。源起汉代，丝路入汉传百越。公元68年，东汉永平十一年，茉莉从古罗马沿丝绸之路，到帝都洛阳，后随佛教传入九州，到百越之地（广西横州）。

承。承于唐宋，列入人间第一香。贞观盛世，世人皆爱茉莉。盛赞"茉莉一出，百花不香"，故美曰"天香"。至宋代，江奎有诗曰："他年我若修花史，列作人间第一香。"

兴。兴在大明，横州茉莉四时花。1521年，明朝嘉靖年间，横州州判王济《君子堂日询手镜》有述："横州，茉莉甚广，有以之编篱者，四时常花。"

盛。盛启1978年，改革开放花潮涌。1978年，乘改革春风，横州大力发展茉莉种植与生产，引领茉莉产业化。因横州茉莉花花期早且长，花苞大，品质上乘，用其窨制花茶，香气浓郁，鲜灵持久，耐冲泡，甚得茶企钟爱，成为全国花茶主要窨制地。

誉。载誉千年，人间遍开幸福花。全球10朵茉莉花，6朵来自广西横

州。2000年横州成为中国茉莉之乡，2010年举办首届中国茉莉花文化节，2015年被授予世界茉莉花（茶）生产中心，2019年被授予世界茉莉花都，2022年品牌价值达218.14亿元。沐浴改革开放40多年的春风，成就横州幸福花。

香。香飘世界，"一带一路"香天下。牡丹真国色，茉莉乃天香。横州以花为媒，以文化为纽带，沿"一带一路"，缔造新时代世界友谊桥梁，让世界品味东方茉莉香。

品牌族谱是福来咨询原创的战略性工具，尤其对于政府主导的区域公用品牌建设，意义重大。可以应用在发布会、展会、博物馆、政府展厅等场景，可采用视频、画轴、吊旗、喷绘墙、H5等多种方式。

横州茉莉花文化族谱

品牌主题曲：《好一朵横州茉莉花》

为了让《茉莉花》公共资产最大化发挥价值，福来咨询为横州茉莉花改编了超级品牌主题歌曲《好一朵横州茉莉花》，这也是横州茉莉花听觉图腾的传播场景拓展。

"全球10朵茉莉花，6朵来自横州呀"，14个字，让消费者没有记歌词的压力，同时将"好花窨好茶"的价值理念和品类优势植入歌词。熟悉的旋律、简单的词语、重复的记忆，大道至简，易唱易记易传。

好一朵横州茉莉花

好一朵横州茉莉花，好一朵横州茉莉花

全球10朵茉莉花，6朵来自横州呀

用好花来窨好茶

横州茉莉花，茉莉花呀！茉莉花！

好一朵横州茉莉花，好一朵横州茉莉花

中国10杯茉莉茶，8杯来自横州呀

用好花来窨好茶

横州茉莉花，茉莉花呀！茉莉花！

伴随着熟悉的旋律响起，很容易就击中心弦，激起记忆的涟漪，久久不能忘怀。

《好一朵横州茉莉花》在承载横州茉莉花品牌灵魂和情感的同时，也唱出了横州茉莉花的品类之美，借助世界级的超级公共资产《茉莉花》，不胫而走，一炮而红。

您是不是也有跟着唱一遍的冲动？这就是品牌歌曲的魅力。

题外话：方案确定后，横州市聘请中国著名青年女中音歌唱家、词作家刘子琪作为横州茉莉花公益宣传形象大使。刘子琪在世界茉莉花大会等多个场合多次深情演唱《好一朵横州茉莉花》，成为品牌文化和品牌资产的重要元素。

横州茉莉花形象大使刘子琪（左一）

第四章
机制保障：上下同欲，特事特办

乡村振兴，品牌引领。品牌创建是一项战略工作，"一把手"重视和相关组织配称是基础。为了加快横州茉莉花产业的健康可持续发展，不断提升"好一朵横州茉莉花"品牌影响力、带动力、竞争力，横州市委、市政府从全市经济社会发展和战略全局角度出发，由市委、市政府统一领导，组织实施，并围绕组织、政策、资金、资源等内容，建立保障机制。

"一把手"工程："一把手"挂帅，组建品牌建设小组

横州茉莉花品牌建设是乡村振兴、产业融合和区域经济高质量发展的战略抓手，需要资金支撑、部门协调、资源整合，只有党政"一把手"直接参与，才能保证快速决策、高效落地，动作到位、取得成效。

为此，横州成立以市委书记为总指挥，市长为组长，人大常委会主任、政协主席、市委副书记、分管茉莉花产业的副市长为副组长，有关单位和各乡（镇）党政正职为成员的品牌建设工作领导小组。每年至少召开一次有关茉莉花产业发展的座谈会、分析会，每半年至少听取一次茉莉花产业发展工作汇报，专题研究部署茉莉花产业发展工作。

专人负责，专项落实。在市委书记黄海韬的总指挥下，品牌建设领导小组以全球视野，按照"标准化·品牌化·国际化"发展方向，主动融入"双循环"新发展格局，努力打造联结两个市场、聚合两种资源的世界茉莉花产业中心。

上下同欲：共识也是生产力

人心是最大的政治，共识是奋进的动力，宣讲是最好的统一。通过培训会、提案会、讨论会统一思想。方案确定后，分别在常委会、专项会以及产业大会进行多层次全方位的宣讲，所有参与人员要将方案理解到位。通过宣讲式学习，实现观念共识、思想统一、上下同欲，保证坚决执行。让横州茉莉花品牌建设真正成为乡村振兴的战略抓手，成为全市干部群众的一致行动。

组织保障：跨部门协作，坚持一盘棋思想

区域公用品牌建设不仅是农业农村部门的事，更是区域社会经济发展的大事，需要各职能部门通力协作，保证高效运转。由各地农业农村局牵头，各乡镇、市场（工商、质检）、商务、文旅、乡村振兴、财政、发改委、科技、供销、宣传、公安等部门打破部门界限，做好协同，成立联合工作组，加强执行力度。

农业农村局、花业局、科技局要组织全面开展茉莉花标准化生产，市场局、农业农村局、花业局积极组织打造茉莉花（茶）区域公用品牌，发改局、旅游局、花业局积极组织推进茉莉休闲旅游业迈上新台阶，经信局、统计局、财政局、国税局、花业局要组织提高茉莉花产业对经济的贡献率，市委办、政府办、花业局要组织办好世界茉莉花大会（含全国茉莉花茶交易博览会和茉莉花文化节）大平台，市委宣传部、花业局要组织加大横州茉莉花（茶）宣传，市场局要组织完善产业市场体系建设，国土局、住建局、林业局要组织做好土地、城镇、林地等用地统筹工作。

同时，以横州市茉莉花发展集团有限公司作为横州茉莉花产业升级及品牌建设的载体和抓手，以科技创新为支撑，加快推进茉莉花产业高质量发展，推动产业链、供应链、价值链深度融合。

项目为王：以服务为引擎，让产业经济活起来

横州市牢牢树立"项目为王"的理念，以及"以花为媒""一花引来百花香、一业引来百业旺"的产业逻辑，以横州茉莉花品牌建设为抓手，抓项目、强投资、促发展，积极打造"流程最优、环节最少、时间最短、效率最高、服务最佳"的服务环境，全面激发市场主体活力，提升经济社会发展"软实力"，全力以赴打好"稳投资增后劲项目攻坚战"。

为畅通政府与企业"无障碍、零距离、心连心"的联系与交流，横州市通过配强专班，转变服务机制，根据企业诉求的轻重缓急和行业标准，原则上实行咨询类4个小时以内，诉求类常规事项24小时以内、非常规事项48小时以内，投诉举报类7天以内办结的三级处置模式，着力打造服务企业高效直联直通服务体系，打通服务企业"最后一公里"，跑出服务企业加速度，大力营造重商、亲商、爱商、护商氛围，确保产业项目落地生根、开花结果。

打造一流营商环境，厚植企业发展成长的土壤，推行审批不出园，推进政务服务"一网通办"，持续深化"放管服"改革，优化完善政府权责清单制度，强化土地要素保障，构建新型政商关系，以"店小二"的服务理念，为客商投资发展保驾护航。政府还制定了项目推进倒排表，明确相关行政手续的责任单位、责任人等，确保企业项目"有求必应"。

坚持以项目建设促进市场主体培育，以项目建设促进扩大就业，以项目建设巩固产业链、供应链，上下牢固树立"项目为王"理念，干中比拼、争中奋进，结合"月月有开（竣）工"项目工作部署，力争每季度都有一批项目开（竣）工，掀起横州项目建设新热潮，打响产业发展主动仗。

在第一届世界茉莉花大会上，现场签约广西横州年产1.1万吨茶叶生产基地建设项目、帮利茶业产业园暨中国茶饮联合研发实验中心项目、周顺来·茉莉花产业园项目、CASSIEY茉莉花高新科技园项目、高端茶饮品生产项目、广西交通投资集团合作项目、绿地（广西）合作项目、南宁交通

设施仓储加工及码头工程项目、茉莉花产品研发生产基地项目、高端茉莉花茶、精制茶生产项目等，签约金额15.8249亿元。

2020年10月23日，在北京国际茶业展上，横州茉莉花北京推介会暨第二届世界茉莉花大会招商引资推介会同步举行。当天，集中签约了横州茉莉花全球采购中心、广西横州光伏和风力发电、智能制造产业园等14个项目，总意向投资额128亿元；茶叶购销合作项目，签约金额为2.1031亿元。

横州茉莉花北京招商引资推介会

第二届世界茉莉花大会上，横州市成功签约福建春伦集团横州茉莉花（花草）茶项目、广西水牛宝乳业集团水牛乳制品智能工厂建设项目、南宁市供销投资公司甜玉米深加工基地、东莞市金英启航精密科技公司广西LED显示屏产业园项目、广西浩源再生资源利用项目、南宁公共交通集团汽车零部件再制造项目等8个项目，总投资额24.3亿元。项目建成达产后，预计年销售收入约141.65亿元，年纳税约5.49亿元。

第三届世界茉莉花大会开幕式举行了广西六福堂茶业六大茶类全球供应链、横州市健康特色农产品加工产业园等7个重大项目电子签约仪式，涉及茶叶、新型能源、新型建材等领域，总投资额136.17亿元。

第三届世界茉莉花大会项目签约

第四届世界茉莉花大会开幕式上成功签约8个项目，涉及茉莉新品、新型能源、造纸产业、新型建材等领域，总投资额22.11亿元，建成后预计年产值约50亿元。

会议推动制：四家班子，五会协力

对于政府而言，开会是最好的推进工作解决问题的手段。开高效会，高效开会；多开会，开短会，该谁参会谁参会。横州市通过会议推动，强调树牢全市"一盘棋"思想，在会上谋篇布局，在会上解决问题。集全市之力、汇全市之智，推动各项工作落地见效，推动茉莉花产业走深走实。

　　筹备会：早谋划、早部署、早落实。 四家班子"一把手"参与，开好筹备会，进一步统一思想、提高认识，坚定信心、鼓足干劲，以更加饱满的精神和更加昂扬的斗志，高起点、高标准、高效率抓好各项筹备工作。

　　协调会：项目统筹，协调解决。 活动搭台，项目为王。各项目责任单位主要负责人汇报项目进展情况及影响项目签约、开（竣）工的主要问题。与会人员现场研究协调解决所存在的问题。各乡镇各部门要相互理解、相互支持、加强协调、通力合作，全力以赴加快项目推进建设。

　　动员会：统一思想，压实责任。 要树立"一盘棋"的大局意识，密切协作、积极配合，互相支持、加强联动。以主人翁的姿态，提振精神、全力以赴，全力把各项筹备工作抓实抓细抓到位，办出成效、办出水平。

　　现场办公会：深入一线，现场解决。 为做好各项筹备工作，确保各活动安全、有序、顺利进行，主要领导到各活动现场，召开现场办公会。现场深入检查了解各主体活动筹备情况，现场解决筹备工作中所遇到的问题。

　　总结会：总结经验，持续改善。 活动后第一时间组织总结会，四家班子"一把手"参与，观看活动视频，有关部门总结经验，持续跟进。总结就是动员，动员全市上下不断巩固世界茉莉花大会成果，同时要立足新发展阶段，践行新发展理念，让产业发展符合市场规律，创造市场需求，在新发展格局下加快建设世界茉莉花产业中心。

　　以首届世界茉莉花大会为例。

　　2019年7月12日，横县召开首届世界茉莉花大会重大项目统筹协调会，县委书记黄海韬、县四家班子主要领导出席会议。

　　7月19日，横县召开首届世界茉莉花大会动员大会，集中部署大会筹备工作，动员全县上下统一思想、明确任务、压实责任、争创一流，高质量、高水平、高效率筹办好首届世界茉莉花大会，全力打造"一会一节"升级版。

　　8月22日上午，县委书记黄海韬带队开展首届世界茉莉花大会筹备情况现场办公会，实地察看主体活动场所基础设施建设、公共安全、环境卫生、氛围营造、酒店接待等方面的筹备情况。

9月29日，横县召开首届世界茉莉花大会总结会，四家班子主要领导出席会议。黄海韬书记在发言中指出，在全县上下的共同努力奋斗下，成功举办首届世界茉莉花大会，办成了一件全区乃至全国其他县市想办而没有办成的大事、喜事、盛事，赢得了与会领导嘉宾和全市各族群众的广泛赞誉，树起了横县茉莉花产业国际化发展的又一座里程碑。

首届世界茉莉花大会动员大会

政策扶持：让政策为产业赋能

为了优化横州茉莉花产业布局，促进三产融合，推动茉莉花基地标准化、加工专业化、产品品牌化、文化国际化发展，提升产业综合竞争力，横州出台《横州市茉莉花产业发展（2023—2025）奖励扶持办法》《横县茉莉花现代特色农业（核心）示范区创建实施方案》《横县加快产业转型升级发展的实施办法》等政策文件，明确要求坚持科学规划引领，通过整合资金、土地、人才等资源，不断完善茉莉花产业的种植、加工、销售、交通、服务、信息、旅游、管理等保障体系，加大对茉莉花种植加工、技术改造、技术创新、品牌建设的扶持，持续释放政策红利，推动茉莉花产业融合发展。

特别要提的是，为更好地促进茉莉花产业发展，2022年1月1日，《南宁横州市茉莉花保护发展条例》正式实施。这是南宁首部保护地理标志产品地方性法规。该条例规范了横州市辖区内茉莉花的保护管理、产业发展和文化传承等活动。该条例的颁布实施将为横州市茉莉花产业发展构建起一个更加公平有序的营商环境，为企业发展注入创新活力，推动实现可持续发展。

《南宁横州市茉莉花保护发展条例》实施发布会

资金整合：好钢要用在刀刃上

难能可贵的是，横州市主要领导跳出单纯的短期财务指标，站在横州茉莉花理念升级、战略升级、模式升级与中长期可持续发展的战略高度上，加大对产业的重视力度和战略性投入力度。财政在整合农业、经信、科技等部门惠农资金和产业资金基础上，每年预算安排茉莉花产业发展专项资金，采取以奖代补、先建后补等形式支持茉莉花产业发展，把加快茉莉花产业发展的工作经费列入市财政年度预算，确保落实茉莉花产业发展工作经费。

同时，横州市还比较善于整合国家和上级政府每年在乡村振兴、产业兴旺、农产品深加工、一二三产业融合、金融支农、产业园建设等方面的政策和资金支持，积极向国家、广西壮族自治区、南宁市申请政策和资金支持，力争得到上级更多政策支持和资金补助。充分利用财政部、农业农村部和自治区对国家现代农业产业园的奖补资金，以财政投入为基点，开展全球性的招商与融资，同时借助中国农业发展银行、中国建设银行、北部湾银行等融资政策平台，撬动社会资本和金融资本，投入茉莉花产业发展。

2022年横州市财政安排投入茉莉花产业发展专项经费2950万元，积极落实茉莉花产业扶持补助，实施茉莉花标准化种植基地建设，对新种、低改茉莉花进行补贴。同时，对企业品牌建设、标准化加工技术改造、入统规上企业等进行奖补。另外，横州市统筹各级财政资金3864万元积极打造茉莉花加花茶、盆栽、食品、旅游、用品、餐饮、药用、体育、康养的"1＋9"产业集群。

2022年横州市各级衔接资金2425万元，重点支持1000亩数字茉莉基地、数字茉莉监控和交易系统升级、300亩茉莉盆栽基地、3000亩核心区土壤和菌种改良、顺来文化产业园、极萃园茉莉花产品展示中心和茉莉花产业发展规划建设，共安排第四届世界茉莉花大会、2022年中国（横州）茉莉花文化节等活动经费877万元，以强有力的经费保障持续提升横州茉莉花的知名度和影响力。

总之，横州市通过机制组合拳，强化沟通协作、密切配合，拧成一股绳、聚成一股劲，形成整体合力，为横州茉莉花产业高质量发展提供了有力保障。

第五章
传播推广：激光穿透，大会营销，集中力量办大事

　　资源总是有限的。在心智争夺战中，集中力量于一点，进行激光穿透式传播，是取得胜势的第一法则。四面出击，平均用力，结果往往是不疼不痒！

　　在农业品牌传播推广上，政府能够投入的人、财、物、资源是有限的。福来咨询主张要集中力量办大事：围绕"根与魂"，以"大会营销"为抓手，进行激光穿透。

　　尤其是区域公用品牌，不同于消费品牌，它的传播对象是"政商研媒专业人群＋大众消费群体"，因此大会营销是最精准、最有效的方式。同时会议这一传播方式，政府部门更熟悉，也更易上手，也有更多资源。

福来咨询"大会营销"模型

大会营销，主要包括品牌发布会、产业大会、推介会、行业展会，福来咨询称之为"四种全会"。借势大会，既能进行品牌传播，又能进行产业资源整合，更重要的是强化产销对接，给农民、合作社、主体企业带来实实在在的帮助。

两会合一，升级升格，创办世界茉莉花大会

一个大会，成就一个品牌，引领一个产业。十年如一日，激光穿透，最终成就一个产业品牌，发展一方区域经济。这是区域公用品牌传播的核心逻辑。

横州曾创办了中国茉莉花文化节和全国茉莉花交易博览会两大行业盛会，每年一场，交替召开，在行业具有一定影响力。为了打造世界茉莉花产业中心，抢占世界行业话语权，福来咨询建议两会合一会，这样主题更鲜明，资源更集中，效率也更高。同时提升会议规格，创办世界茉莉花大会，召开世界茉莉花发展高峰论坛，抢占世界茉莉产业制高点。每年一届，打造茉莉行业的"达沃斯论坛"。

大会营销：四种全会，三效合一

乡村振兴，品牌引领。2019年是横州茉莉花品牌建设元年，全国两会刚刚闭幕，横州茉莉"两会"拉开大幕。

4月9日，横州茉莉花品牌战略发布会在南宁召开。会上，本书作者、横州茉莉花战略品牌顾问娄向鹏对顶层设计方案作了报告，并首次发布横州茉莉花的全新战略品牌体系，横州茉莉仙子惊艳亮相，正式开启横州茉莉花从横州战略推升到南宁战略和广西战略的第一步。

5月14—19日，在杭州举办的第三届中国国际茶叶博览会（以下简称茶博会）期间，横州茉莉花品牌新形象首次亮相，并召开横州茉莉花品牌战略发布暨招商引资推介会，横州茉莉仙子伴着横州茉莉香降临人间天堂，重磅出场，惊艳茶博会，现场招商引资签约总金额达 6.075 亿元，产销对

横州茉莉花品牌战略新闻发布会

接合同总金额达 3.29 亿元，成为茶博会新贵。大会组委会评选的"销量领先的十佳参展商"，横州一骑绝尘，独得六席。农业农村部、广西壮族自治区农业农村厅均对其给予公开表彰。借助全国茶行业最高规格、最权威的大会，横州茉莉花正式从幕后走上前台，拉开产业品牌化、高质量发展的序幕。在第四届杭州茶博会上，横州茉莉花再接再厉，签约总金额超17亿元，成为全场最大的赢家。

横州茉莉花杭州推介会

横州茉莉花亮相茶博会

2019年8月31日，福来咨询策划的首届世界茉莉花大会在横州盛大召开。来自全国各地及法国、荷兰、日本、以色列、俄罗斯、马来西亚等国内外嘉宾、茶商、文化艺人云集花乡，逾千人出席大会。本书作者、横州茉莉花战略品牌顾问娄向鹏先生受邀出席，并在世界茉莉花产业发展高峰论坛进行高峰对话，讲述横州茉莉花的战略逻辑和品牌故事。

首届世界茉莉花大会开幕大会

首届世界茉莉花大会世界茉莉花产业发展高峰论坛

　　首届世界茉莉花大会由中国茶叶流通协会、南宁市人民政府、广西壮族自治区农业农村厅、中国－东盟博览会秘书处主办,中国茶叶流通协会名茶专业委员会、横州市人民政府承办。大会成功举办了世界茉莉花产业发展高峰论坛,首次发布《世界茉莉花产业发展白皮书》,横州市被国际花园中心(IGCA)授予"世界茉莉花都",法国普罗旺斯市市长保罗·奥当、国际花园中心协会名誉会长纳威尔·斯坦亲临现场。横州茉莉花在"标准化·品牌化·国际化"方面迈上了新高度,开始了从产业配角到世界花都的华丽转身,飘香全世界!

"世界茉莉花都"授牌仪式

2020年11月29日，第二届世界茉莉花大会在南宁隆重举行，中国茶叶流通协会会长、全国茶叶标准化技术委员会主任王庆，中国工程院院士陈宗懋、刘仲华，广西壮族自治区农业农村厅党组书记、厅长刘俊，南宁市副市长刘为民，中国－东盟博览会秘书处副秘书长、广西国际博览事务局副局长杨雁雁，农业农村部贸促中心副主任宋聚国，中国花卉协会副秘书长杨淑艳，美丽乡村建设评价国家标准评级组组长魏玉栋，农业农村部全球重要农业文化遗产专家委员会委员卢勇，新华社《中国名牌》总编辑周志懿等出席会议。聘任中国工程院院士陈宗懋、刘仲华为横州茉莉花产业首席发展顾问。在大会现场，横州成功签约5个重点项目，总投资金额达24.3亿元，被中国茶叶流通协会授予"2020茶业最佳投资县域"称号。从本届大会开始，世界茉莉花大会正式被纳入中国－东盟博览会官方重要议程，这是世界茉莉花大会的又一次升级，是横州茉莉花从横州战略迈向国家战略的重要一步。

第二届世界茉莉花大会

2021年9月12日，第三届世界茉莉花大会在南宁隆重举行，广西壮族自治区政协副主席黄日波，人民日报社原副社长、中国报业协会理事长张建星，中国工程院院士刘仲华，中国茶叶流通协会会长王庆，中国花卉协会副会长赵良平等出席会议，国际园艺生产者协会秘书长提姆·布莱尔克里夫、荷兰王国驻华使馆农业参赞卡雷尔等视频致辞，大会成功签约7个重点意向项目，总投资额136.17亿元。以花为桥、以会聚友的横州茉莉花战略再次获得大突破。

第三届世界茉莉花大会

2022年9月19日，第四届世界茉莉花大会在南宁举行，广西壮族自治区党委常委、南宁市委书记农生文，南宁市副市长刘宗晓，中国茶叶流通协会会长王庆，中国工程院院士刘仲华，尼泊尔驻华大使馆公使查宾德拉，以及从事茉莉花与茶叶科研、加工、流通及营销等方面的专家、学者、企

第四届世界茉莉花大会

业代表出席会议。本次大会上成功签约8个项目，总投资额22.11亿元，建成后预计年产值约50亿元。横州被中国茶叶流通协会授予"茉莉花茶三茶统筹示范县域"称号。

截至2022年，世界茉莉花大会已经成功举办了四届，横州茉莉花在整个行业成为一个现象级的品牌。

本书作者、横州茉莉花战略品牌顾问娄向鹏连续四届受邀出席世界茉莉花大会

激光穿透，大会营销。除了开好品牌"两会"（品牌发布会和世界茉莉花大会）、用好行业"两会"（农交会、茶博会），横州茉莉花还导入农业英特尔战略、根媒体工程、高铁和遥感卫星品牌冠名等助攻手段，一步一步推动横州茉莉花品牌建设上天入地、行稳致远。

"农业英特尔战略"：打造世界茉莉花"产业之芯"

为深化品牌连接机制，横州将工业领域的品牌经验嫁接到农业，在政府主导下，建立品牌资金扶持机制，推出区域公用品牌认证体系，将区域公用品牌注册商标（图形＋字体）放到要素品牌战略的高度，授权给符合标准的企业，统一价值、统一形象、统一位置，集中展现，就像电脑上贴的英特尔标识。福来咨询称之为农业领域的"英特尔战略"。

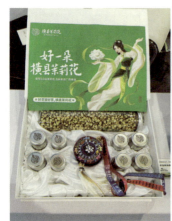

横州茉莉花的"农业英特尔战略"

横州市政府牵头，推出"好花窨好茶，横州茉莉花"品牌认证体系，将横字标与弘一法师体的横州茉莉花标准字体组合，形成品牌授权标，在包装的统一位置进行集中形象展现。借企业的海量包装，让横州茉莉花真正走进千家万户、千厂万店，走进茶余饭后、走进消费者的内心。

之前的花茶包装，上面大多写着"茉莉花茶"四个字，也不知道是哪里的花，哪里产的花茶，没有任何品牌信息。现在统一打上横州茉莉花授权标，有品牌标识图形的"横字标"，也有标准使用的品牌字体"横州茉莉花"，一个包装就是一次品牌传播，一万个包装就是一万次免费的品牌传播。

在横州茉莉花的品牌势能影响下，统一茶里王、瑞幸咖啡、奈雪的茶等主流品牌也开始主动融入"英特尔战略"，这是一个伟大工程的开始。

根媒体工程：满眼尽是横字标

根媒体是福来咨询的原创，根媒体就是基于自身根本资产，具有媒体属性、无须支付媒体成本的一切传播载体。

在区域公用品牌打造上，一定要把自有的资源"吃干榨净"，也就是用好自有根媒体，比如包装根媒体、交通根媒体、城市根媒体、产业根媒体等。

横州充分用足辖区内政府根媒体、产业根媒体、交通根媒体和城市根媒体资源，在横州的景区地标、高速路大牌、会场物料、公交站牌、主街道路灯、公园长廊、电梯等人口流动大的地方，投放横州茉莉花的品牌广告，投放横州茉莉仙子造型和品牌地标，在种植基地、产业园区、文化长廊、茉莉小镇、市民文明公约宣传牌上都有"横字标"。

每一次品牌展示都是一次区域公用品牌的广告，每一个可以露出品牌的地方都是广告位。这些都不需要额外增加品牌投资，就能达到最直接的植入性广告效果。在横州市大街小巷，满眼尽是"横字标"和茉莉仙子造型，算是把根媒体用到了极致。

同时，横州融媒体中心作为最重要的根媒体，围绕横州茉莉花品牌建设和高质量发展，以专业团队、专业精神和专业内容持续传播，彰显新气象、注入正能量，发挥了品牌建设的大作用。横州融媒体中心还多次荣获省部级、国家级荣誉和表彰。

在横州，区域公用品牌、产业品牌、城市品牌、乡村振兴品牌融为一体，这不仅成了一道道靓丽的风景线，更成了城市品牌建设与城市营销的一部分，构成了城乡文明的重要元素。同时，也实现了根媒体的最大化场景应用。

横州茉莉花的"根媒体工程"

上天入地，发出最强音

　　2020年10月22日，横州茉莉花品牌专列首发仪式在北京西站启动，130组横州茉莉花复兴号冠名高铁列车驰骋八纵八横高铁网，以北京、上海、广州为中心，覆盖环渤海、长三角、珠三角、成渝等18个省份，为"好一朵横州茉莉花"的品牌传播开启了高速新征程。

　　2020年11月6日，由横州茉莉花冠名的"横州·茉莉花号"卫星在太原卫星发射中心成功发射，标志着横州茉莉花产业借势卫星遥感，开启品牌传播升级的新高度。这也是区域公用品牌首次冠名航天卫星，开创行业先河。

横州茉莉花品牌专列

横州茉莉花卫星冠名

第六章
三位一体：产城乡融合发展

党的二十大报告强调，坚持城乡融合发展，畅通城乡要素流动，着力推进城乡融合和区域协调发展，推进以县城为重要载体的城镇化建设。这是新时代党和国家对县城在我国城镇体系中的地位和作用的新定位。

早在2015年，国家11个部委联合发文建设国家级产城融合示范区，推动产业和城镇融合发展。2019年，国家18部委联合印发《国家城乡融合发展试验区改革方案》强调以工促农、以城带乡。

2020年4月，横州市被列为广西壮族自治区第一批城乡融合发展改革集成试点。

从产城融合，到城乡融合，在乡村振兴国家战略之下，福来咨询认为要产城乡融合发展：以产兴城，以城带乡，以乡促产，产城乡融合。

融合，就要打破传统思维和产业格局，跨界破圈，加快释放"人"的活力、激活"地"的潜力、激发"产"的动力、打造"乡"的魅力，推动人才、土地、资本等要素在城乡间双向流动和有机融合。通过产城乡融合，最终实现生态、生产、生活、生意"四生合一"的乡村振兴的理想模样。

在横州，产城乡融合发展渐渐成形。产，指的是主导产业横州茉莉花；城，指的是横州城市新定位——世界茉莉花都，产城已经融为一体，茉莉花元素融入城市建设与发展之中；乡，指由茉莉小镇、中华茉莉园等连接之下的和美乡村。这里不仅连接着横州市30多万名花农，也连接着横州市130多家茉莉花茶加工企业。中国茉莉小镇总规划面积8平方公里，坚持乡村振兴20字总要求，依托茉莉花产业、自然景观和壮乡风情等旅游资源，打造"茉莉闻香之旅"的旅游品牌，建设茉莉花品种园、茉莉花加工新城、茉莉产业总部基地等相应配套工程，构建产城乡融合发展的横州实践。

横州产城乡融合发展

横州市把茉莉花作为"城市名片"，一朵花促进一座城的发展，在乡村振兴新时代，一朵小小茉莉花接二产、连三产、带一产，融合发展势头迅猛，在这里"四季常开"，"绽放"出绚丽的产业之花，全面推进强市目标，加快打造区域性副中心城市。

一园多点，融合发展

一园多点的"园"，指的是国家现代农业产业园。这是首批创建的11家国家现代农业产业园之一，广西唯一。横州创建国家现代农业产业园，作为落实习近平总书记视察广西时提出的"扎实推进现代特色农业建设"

要求的重要实践，总规划面积253平方公里，在创建初期便以茉莉花（茶）为主导产业，大力发展精深加工产业。

多点指茉莉小镇、中华茉莉园、茉莉极萃园等，并以此为抓手，逐步将家园、田园、产业园、生态园治理根植于此，在这里实现一二三产业融合，产城乡一体。最终形成立足现代农业产业园大平台，实现产业园、生态园、家园、田园等多重功能的一园多点，以品牌引领的农文旅融合发展，反哺横州乡村振兴。

横州国家现代农业产业园

茶是很雅致的文化，茉莉花也是很雅致的文化。横州将独特的茉莉花与茶文化结合起来，形成横州特色的中华茉莉园。中华茉莉园位于横州校椅镇，是世界上最大最香的茉莉花生态景观园，被称为世界茉莉花田之眼，是4A级旅游景区，网红打卡地。

中华茉莉园以"标准化、国际化"为发展方向，整体规划面积有10000亩，园区包括茉莉花品种展示区、茉莉花文化展示区、茉莉湖生态湿地观光区、茉莉花游乐区、茉莉花（茶）生产加工示范区、茉莉花和茶叶销售商贸区、茉莉花养生休闲度假区等七大功能区，形成"赏茉莉风光、闻茉莉花香、品茉莉花茶、享茉莉花宴、游茉莉花地"的横州茉莉闻香之旅。在中华茉莉园建设上，把茉莉花综合示范园的建设和开发与横州茉莉花生产、生态旅游、乡村建设有机结合，使之成为横州增强县域经济发展的典范。

为了充分发挥中小企业的孵化器功能和产业集聚功能，优化横州市工业生产布局，增加产业配套功能，横州投资建设了茉莉极萃园。作为茉莉花加工新城的重要布局，茉莉极萃园占地面积约87亩，建有8栋茉莉花（茶）及茉莉花深加工标准化厂房、1栋配送中心、1栋综合仓库、1栋产品研发楼。通过推动茉莉花上下游产业链以及人才、配套服务等要素资源的集聚，形成茉莉花产城融合发展的茉莉花产业新格局。目前，福建春伦集团茉莉花（花草）茶项目、广西香茹怡茉公司中高档茉莉花茶及饮料茶生产项目、广西茶虞子茶业公司现代茉莉花茶生产项目等已竣工。

横州茉莉极萃园

乡村振兴，产城乡一体，需要一个落脚点和着力点。这个点就是茉莉小镇。

中国茉莉小镇，是全国最具规模和影响力的特色小镇之一，涵盖中华茉莉园及其周边区域。作为整个横州茉莉花生产的核心区，茉莉花在校椅镇开了500年，也香了500年。全镇共有茉莉花花农10万多人，茉莉花产量占全市的50%、全国的40%、全球的30%，可谓名副其实的茉莉小镇。

中国茉莉小镇在试点村打造茉莉采摘体验区、茉莉花种植精品示范园等新型田园综合体项目，形成一二三产业深度融合发展，主动融入"1＋9"产业示范带建设。与此同时，推动农业产业数字化建设，开展重点农产品全产业链信息化建设，数字化农业园区建设、农村流通服务体系建设。

茉莉小镇推广运用村企联建、村村联建、社村联建，经济能人带动、特色产业带动、龙头企业带动的"三联三带"发展模式，充分调动经营企业、相关技术人员和村民共同参与到集体经济中来，逐步完善村级集体经济收益分配机制，以此实现村集体经济可支配收入的增长。

2022年8月，横州市获批创建国家农业现代化示范区。未来，横州市将推动现代农业产业园、产业小镇、茉莉极萃园、中华茉莉园等项目与示范区建设对接、整合，示范引领农业设施化、园区化、融合化、绿色化、数字化，加快推进农业农村现代化进程。

借助"一带一路"的东风，横州以花为媒、以产兴城、以城带产、城乡协同。通过"一园多点，融合发展"的模式，依托国家现代农业产业园、国家农业现代化示范区、中华茉莉园、极萃园、茉莉小镇等载体，推动产城乡一体化协同发展，打造世界茉莉花产业中心，建设乡村振兴的"横州样板"。

产城乡融合的世界茉莉花都

横州市借着被列为自治区第一批城乡融合发展改革集成试点的机遇，以茉莉花产业升级为主抓手，通过优化要素配置，促进一二三产业融合，深化农文旅结合，提升城乡治理能力，推动产业、城市、乡村融合发展。

在思路上、理念上、方法上和路径上打造具有横州特色的产城乡融合发展之路，通过以完善产权制度和要素市场化配置为重点，以茉莉花产业升级为引领的城乡改革集成，推动城乡空间融合，盘活城乡要素资源，壮大产业发展动能，提升城乡特色风貌，夯实城乡社会治理，巩固横州在茉莉花产业的国际话语权，走出一条具有横州特色的产城乡融合发展之路。

茉莉花产业"成链、成片、成群"。横州全面落实强首府战略，全面推进强市目标，加快打造联结两个市场、聚合两种资源的世界茉莉花产业中心，加快推进茉莉花产业升级，不断延伸茉莉花产业链、价值链，让横州茉莉花产业实现"成链、成片、成群"。

成链——横州牢牢扭住扩大内需这个战略基点，不断延伸茉莉花产业链价值链，在抓好茉莉花标准化种植、发展中高端茉莉花茶的同时，开展茉莉花产业全球招商，高标准打造"茉莉花＋花茶、盆栽、食品、旅游、用品、餐饮、药用、体育、康养"的"1＋9"产业集群。

横州茉莉花采摘园

成片——横州坚持以"店小二"的服务理念，推动不同业态成片布局、不同要素成片集聚。一产继续完善横州国家农业现代产业园，二产利用好茉莉极萃园、健康特色农产品加工产业园，三产大力推进中国茉莉小镇建设和招商引资，同时加快推进国家茉莉花及制品质量监督检验中心（广西）、茉莉花研究院、茉莉花全球集散中心等项目建设，创新驱动产业成片发展。

成群——横州推动茉莉花龙头企业项目落地见效，打造产业树，壮大产业林。先后引进了北京张一元、浙江华茗园、台湾隆泰等龙头企业，浙江博多、广东卡丝、中欧农业、福建春伦、福建福民等知名企业，同时，周顺来、长海、巧恩、金花、大森等本土企业也自觉融入产业集群中，加快推动企业项目投产达效，更好地发挥了集聚效应。

茉莉花文化"成风、成桥、成色"。横州市积极做好茉莉花文化保护传承，让茉莉花文化在横州蔚然成风。

成风——横州茉莉花复合栽培系统被拟定为中国重要农业文化遗产之后，又加快推进向联合国粮农组织申报认定"全球重要农业文化遗产"的工作进度，完善中国茉莉花文化馆建设。一举抢占茉莉花世界文化的制高点，推动茉莉花景观化、茉莉花文化日常化，让茉莉花文化"飞入寻常百姓家"。

成桥——横州依托茉莉花文化，搭建东西方经贸人文交流的友谊桥梁，"茉莉花源于世界、兴于横州、属于世界"。2019年以来，横州已经成功承办四届世界茉莉花大会。通过世界茉莉花大会，横州实现了融入"南宁渠道"，继续承办好世界茉莉花大会，以茉莉花文化为桥梁纽带，深化拓展与东盟等"一带一路"沿线国家和地区的经贸合作、人文交流。

成色——横州以茉莉花为横州最大特色，打造世界茉莉花文化旅游目的地。当前，横州正加快推进中国茉莉小镇、茉莉花文化创意产业园、茉莉文化风情街、茉莉花文化博物馆、茉莉花文化节等一批重大文旅项目建设，积极引进茉莉花主题酒店商业综合体项目，加快建设全球最大的茉莉花康养中心、茉莉婚庆基地。

一年一度的茉莉花文化节文艺晚会

茉莉花名片"成全、成市、成极"。横州积极利用撤县设市以及各种叠加的改革机遇，为打造产城乡融合发展的世界茉莉花产业中心增添动力活力。

成全——自治区将横州改革集成工作列入广西第一批改革集成试点，纳入城乡融合改革集成范畴后，横州迎来新一轮的区域发展黄金期，数字赋能、创新驱动、化危为机，发展大数据产业前景广阔。横州加快完善产权制度和要素市场化配置，以茉莉花产业升级引领产业、城市、乡村融合发展。

成市——横州充分利用现代交通建设、城市发展机遇，做大做强世界茉莉花产业中心的城市发展格局。途经横州，特别是环绕横州的一批高铁、高速、航运等重大交通建设正加快推进。2020年，国家发改委还将横州列入全国县城新型城镇化建设示范名单。如今的横州正以大交通引领城市大发展，茉莉花元素将会得到持续植入，融入城市扩容提质的全过程、各领域，进而呈现出世界茉莉花产业中心的城市新面貌。

成极——横州充分用好产业振兴机遇，努力打造首府市域经济增长极。自治区把"产业振兴"作为"十四五"时期的重要发展战略，横州将坚持把"强工业"放在产业振兴的第一位，脚踏实地，一年接着一年干，做大做强现代工业集群，努力使横州成为首府市域经济增长极。

横州市深化内涵、扩大外延，实现了从茉莉之乡到茉莉小镇再到世界茉莉花都的产业升级，成为产城乡融合的广西试点。走进横州市看花海、闻花香、听花曲、品花宴、赶花会、抢花彩、闹花灯、沐花浴……具有鲜明茉莉印记、产城乡融合的世界茉莉花都正加速形成。

第七章
四园共治，引领乡村振兴

2018年，中共中央、国务院印发了《乡村振兴战略规划（2018—2022年）》，规划中明确提出，坚持乡村振兴和新型城镇化双轮驱动，统筹城乡国土空间开发格局，优化乡村生产生活生态空间，分类推进乡村振兴，打造各具特色的现代版"富春山居图"。

2022年3月，全国人大代表、广西壮族自治区人民政府主席蓝天立接受记者采访时表示，广西坚持乡村振兴为农民而兴、乡村建设为农民而建，打造具有广西特色、彰显桂风壮韵的现代版"富春山居图"，为老百姓留住鸟语花香的田园风光。那横州版的"富春山居图"如何绘就？

四园共治，美美与共

横州充分发挥比较优势，以开展家园、田园、产业园、生态园"四园共治"为抓手，积极探索乡村美、产业旺、农民富、治理优的乡村振兴之路。在坚持党建引领与基层探索相结合的前提下，在2021年至2025年期间，每两年在一批试点村创新实施家园、田园、产业园、生态园"四园共治"。通过建立健全政治引领，自治、德治、法治、智治、美治相结合的"六治"乡村治理体系，借乡村振兴这支"神来之笔"，打造"四园共治，美美与共"的乡村振兴横州样板。

家园治理，塑造乡村之"形"，人居和美。人居是乡村风貌，和美是治理有效。为了实现人居和美的家园治理，横州创新把"美治"引入乡村治理体系，在农村社会建立健全政治引领，自治、法治、德治、智治、美治相结合的"六治"，让茉莉自然的香甜融入乡村人居和美的治理中，塑美丽乡村之"形"。

为实现"人居"风貌的提升，横州成立乡村振兴规划馆，推进"多规合一"实用性村庄规划。一方面加强对农房风貌管控，编制推广具有茉莉花元素的农房建设标准图册，推进横州大道等沿线风貌提升；另一方面完善乡村公共服务和基础设施，提高乡村路灯亮化率，升级乡村网络设施、完善教卫文体配套，完成试点村卫生室达标建设和健康村创建等，持续改善农村生产生活条件，不断加大乡镇镇区建设投入力度，加速发展，着力把乡镇建成服务农民的区域中心。

为实现治理有效的"和美"，横州着力加强干部队伍建设，落实好干部的标准，提高各级领导班子和干部适应新时代新要求抓改革、促发展、保稳定水平和专业化能力，提高治理水平。与此同时，积极开展"党建＋治理"模式，充分发挥村级党组织战斗堡垒和农村党员先锋模范作用，带动人民群众参与到乡村治理中来。立足实操，细化标准，先后推出"茉莉先锋""四红党建""香甜党建"等多个基层党建品牌。

此外，从人民群众美好生活出发，运用网络和大数据手段完善基层社会治理体系打通为群众服务的"最后一公里"。"大数据＋智慧城市"管理体系建设一直不断深化，县、乡、村三级政务服务事项与广西数字政务一体化平台的对接，将政务服务有效延伸到农村基层，推进智慧乡村建设。

打造特色村庄，创新推进乡村风貌提升，推动村容村貌向特

横州美丽乡村

色化转变。突出茉莉元素，提升乡村整体风貌，横州逐步形成了白墙黛瓦、茉莉绽放，具有鲜明横州特色的"世界茉莉花都"建筑风貌。

田园治理，留住乡愁甜美，乡风文明。横州开展田园治理，坚持把茉莉花文化作为横州最鲜明的田园印记，深入实施茉莉花田整治行动和特色文化弘扬行动，使之成为最美的乡愁，铸牢乡村文明之"魂"。

在茉莉花田整治行动中，横州贯彻"三清三拆"，在行动上依法拆除茉莉花种植核心区违章建筑，引导花农在停车棚有序停车，在政策上将禁止在茉莉花种植核心区搭建违章建筑纳入村规之中。除"清、拆"之外，深入开展茉莉花种植活动，在茉莉花种植核心区严禁种植除茉莉花以外的农作物，严禁使用临近二级路沿线地块种植高杆植物，迁移沿线成片风景树，鼓励村委、党员和群众在办公场所、家庭院落种植茉莉花、摆放茉莉花盆栽，真正实现"花在村中、村在花中"，推进茉莉花的景观化。

茉莉花田变景观，茉莉文化永流传。通过田园治理，横州让茉莉花文化"飞入寻常百姓家"，推动茉莉花文化日常化，让乡愁更加甜美。独具茉莉花都特色的茉莉花文化进校园行动，在中小学、新时代文明实践站（所）设置茉莉花文化课程，教授茉莉茶艺、盆栽技艺、手工艺品制作，组织师生走访茉莉花种植基地、景点，参与到茉莉花"两会一节"志愿服务活动中，沁润茉莉文化及乡土情怀。

走进横州的村镇街道、国家现代农业产业园、中国茉莉小镇，茉莉花元素在农房建设管理、路灯亮化、花农工作亭中被广泛植入。乡邻间，房前屋后一排排茉莉盆栽各个争奇斗艳，构建"好一朵横州茉莉花"风光线。

产业园治理，推动发展壮美，农民富裕。建设发展壮美的产业园，推进健康特色农产品加工产业园、精深加工的茉莉极萃园、中国茉莉小镇、国家"双创"示范基地等产业平台建设，推动农村一二三产业融合发展、集聚发展。

做大做强村级集体经济，促进村民向"股民"转变、"产业在村"向"产业富村"转变。开展要素市场化改革，盘活农村"三块地"，发展农业特色产业，推进茉莉花种植标准化。推进农业产业数字化，全面推行"数字茉莉"平台应用，实现所有花农使用数字茉莉卡进行交易。推进生产经营组织化，推广"公司＋农户＋基地""合作社＋农户"模式，让公司带领小农户实现现代化种植管理和保价收购，让合作社带领分散农户变"粗放管理"为"统防统治"。

　　作为横州"四园共治"试点的校椅镇石井村有几十年种植茉莉花的历史。在过去，没资金、缺技术，种植管理模式粗放，茉莉花销路不稳定，石井村的茉莉花无法形成规模化种植，经济效益不高，大量劳动力宁可到广州打工也不愿留在家乡种花。如今的石井村，村民都说："村里靠种花发家致富的不在少数，楼房小车在我们这早就不稀奇了。"

横州石井村

　　生态园治理，促进乡村秀美，生态宜居。习近平总书记在广西调研时强调，广西生态优势金不换，要坚持把节约优先、保护优先，以及自然恢复作为基本方针，把人与自然和谐相处作为基本目标，使八桂大地青山常在、清水长流、空气常新，让良好生态环境成为人民生活质量的增长点、成为展现美丽形象的发力点。

　　横州持续推进生态文明建设，走生态优先、绿色低碳的高质量发展之路。在农业农村污染治理上，引导农村居民践行生态优先、环保为重理念，建立多项治理机制，在秸秆利用、垃圾分类、水域治理上持续发力，打造生态宜居乡村。

突出群众主体地位，实现环保人人参与、生态人人共享，大力发展康养文旅项目，投资600万元完成江河流域治理6510米，将生态资源变为旅游产业，让更多群众获得生态文明带来的"绿色福利"。

为了防止花农私自就地焚烧废弃花枝，给环境造成污染，横州政府与企业达成合作，回收废弃花枝。企业将这些花枝回收后通过晾晒、粉碎、特殊加工，可以制成颗粒生物质燃料。这一举措不仅保护了生态环境，美丽了村庄，还创造了可观的经济收益。在垃圾分类上，建立垃圾分类"三级四类"模式；在河流治理方面，采用"河长＋检察长"模式，推行"河长＋检察长"协作机制，形成行政执法与检察监督合力，破解水域治理、生态治理行政机关履职不到位、群众意识不高、社会参与不够等难题，形成共管共治局面。

绿水青山就是金山银山。人不负青山绿水，青山绿水也绝不负人。在实现"四园共治"的道路上，打造各美其美生态园，强化乡村发展之基，助力农村环境全域秀美。

乡村振兴的横州版"富春山居图"

2021年9月13日，由人民网、中国合作经济学会、中共广西壮族自治区委员会农村工作（乡村振兴）领导小组办公室、广西壮族自治区农业农村厅、广西壮族自治区商务厅联合主办的"乡村振

乡村振兴论坛·广西

兴论坛·广西"在南宁举办。在本次论坛上，横州市委书记黄海韬解读了"四园共治，美美与共"的具有鲜明茉莉印记的横州版"富春山居图"。

"富"，即建设发展壮美的产业园，做强"富"的"三农"基业。推进健康特色农产品加工产业园、茉莉极萃园、中国茉莉小镇、国家"双创"示范基地等产业平台建设，推动农村一二三产业融合发展、集聚发展。依托农村集体股份经济合作社，深化广西改革集成试点工作，做大做强村级集体经济，促进村民向"股民"转变、"产业在村"向"产业富村"转变。

"春"，即建设各美其美的生态园，谱写"春"的和谐乐章。坚持为了群众、依靠群众，践行乡村振兴的群众路线，鼓励支持农民共商共建生态文明、文化传承、产业发展，共享自然之美、文化之美、发展之美，着力形成人与自然和谐共生、人与文化互惠共享、人与产业互促共赢的良好生态循环。

"山"，即建设乡愁甜美的田园，传承"山"的秀美文化。把茉莉花文化、乡土文化作为鲜明的田园印记，推动茉莉花文化、乡土文化融入景观、融入生产、融入生活，让茉莉花文化"飞入寻常百姓家"，努力让群众在茉莉飘香、山水交融中"留下乡情、记住乡愁"。

"居"，即建设人和居美的家园，诠释"居"的舒适和谐。加强党对"三农"工作的领导，推进自治、法治、德治、智治"四治融合"，提升农村公共服务水平，努力让群众在农村住得舒适、处得和谐。

横州以花为媒，品牌引领，四园共治，一幅壮美的"富春山居"蓝图正在乡村振兴的大潮中加速展开。

第八章
"横"空出市，香誉国内外

好一朵横州茉莉花！横州因花而美、因花而兴、因花而名，以茉莉花品牌建设为抓手，通过优化要素配置，促进三产融合，在品牌催化下，探索乡村美、产业旺、农民富、治理优的乡村振兴之路。具体成效体现在以下四个方面。

价格提高

通过品牌化增值，茉莉花地头收购价从2018年的18～20元/千克上升到2021年的30～34元/千克。2022年横州茉莉花均价突破每千克36元，创下了历史最高纪录。据测算，每亩花田每年可为横州花农实现收入2万元以上。花开时节，白天摘花傍晚卖，现场收钱见效益。当地约33万名花农因其增收致富，茉莉花成为了名副其实的致富之花、幸福之花。借助品牌高速路，横州城乡居民存款排在广西全区前列，正走向富农强市、共同富裕之路。

产业提质

首届世界茉莉花大会上，《世界茉莉花产业发展白皮书》发布，国际花园中心协会（IGCA）向横州授予"世界茉莉花都"牌匾，横州正式成为继郁金香之都荷兰利瑟、玫瑰之都保加利亚卡赞勒克、薰衣草之都法国普罗旺斯之后的世界第四大花都！

《世界茉莉花产业发展白皮书》发布

农业农村部发布的第五批中国重要农业文化遗产名单中，广西横州茉莉花复合栽培系统名列其中，文化茉莉传承再续新篇，文化赋能产业再添力量。

通过构建"数字茉莉"大平台，横州被中央网信办、农业农村部等七部门确定为首批国家数字乡村试点地区。2021年以来，在横州石井茉莉花交易市场使用"数字茉莉"大数据平台进行交易的金额达1.77亿元。2021年7月23日，中央网信办、农业农村部、国家发展改革委、工信部、科技部、国家市场监督管理总局、国家乡村振兴局七部委已将"数字茉莉"大数据平台使用列入《数字乡村建设指南1.0》，并在全国推广。

2021年，横州茉莉花种植面积约12.8万亩，横州茶叶加工企业超150家，规模以上企业30多家，年产茉莉鲜花达10.2万吨，年产茉莉花茶9万吨，茉莉花（茶）产业综合年产值达143.8亿元。

横州成功研发出粉苞茉莉新品种，开花时间从当年10月至第二年的3月，实现了一年四季开放，填补冬季不开花的空白，实现"种业芯片"自主，提升产业附加值和增加值，推进产业高质量发展。另外，就连小小的茉莉花盆栽都被带火了，年销售额突破1亿元。

横州茉莉花盆栽

品牌提升

2019年10月12日，2019科特勒·新营销大奖颁奖典礼在北京举行。"广西横州茉莉花区域公用品牌创建案例"荣获2019科特勒·新营销大奖最佳事件营销案例奖。这是全场唯一的农产品区域公用品牌创建案例获奖。

本书作者郝北海受邀登台领奖

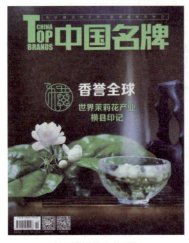

《横州茉莉花特刊》

2020年9月，新华社《中国名牌》出版了《横州茉莉花特刊》，让更多国家和地区的人民了解中国品牌，了解壮美广西，了解"好一朵横州茉莉花"，这是横州茉莉花第一次的系列权威专刊报道。

2021年3月1日，中欧地理标志协定正式生效。广西12个地理标志产品列入协定清单，横州茉莉花茶赫然在列。目前，横州茉莉花茶获得马德里国际商标注册，茉莉花茶入选第15、第16、第17届中国－东盟博览会国宾招待用茶和国礼茶，顺来、南方、金花、南山白毛茶等企业生产的茉莉花(茶)获欧盟认证，获得了通往海外市场的通行证。

2022年9月，新华社民族品牌工程办公室、中国品牌建设促进会、中国资产评估协会等单位在京联合发布"2022中国品牌价值评价信息"，横州茉莉花茶以品牌价值160.46亿元，横州茉莉花以品牌强度866、品牌价值57.68亿元的好成绩双双强势登上2022中国品牌价值评价区域品牌（地理标志）百强榜单，综合品牌价值达218.14亿元，品牌价值成为广西地理标志第一品牌。

产业融合

横州全面推进"1＋9"产业集群发展，推动一二三产业融合，以横州国家现代农业产业园、中国茉莉小镇为载体，积极推进农业供给侧结构性改革，一产横州国家农业现代产业园通过认证，二产茉莉极萃园、健康特色农产品加工产业园投入使用，三产推进了中国茉莉小镇建设和招商引资，国家茉莉花及制品质量监督检验中心（广西）、茉莉花研究院、茉莉花全球集散中心等项目建设，驱动产业成片发展。

同时，打造世界茉莉花主题旅游目的地，构建横州闻香之旅品牌，串联带动全域旅游体系，2019年全年，横州游客达533.28万人次，总消费达52.32亿元。新华社《中国名牌》出版特刊，全方位展现了以花为媒，实现产城乡融合发展的乡村振兴"横州模式"。

2021年9月13日，在人民网、中国合作经济学会等联合主办的乡村振兴论坛上，横州校椅镇石井村入选"壮美广西，乡村振兴"年度特色案例，成为"乡村振兴，品牌引领"的广西样板。

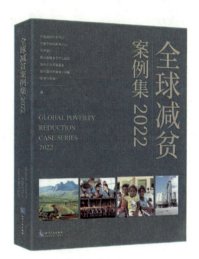

《全球减贫案例集2022》

2022年11月，由中国国际扶贫中心等单位主办的第三届全球减贫案例征集活动结果揭晓，《世界级茉莉花产业 打造产业群带农增收——广西壮族自治区横州市茉莉花产业带农振兴案例》被选为优秀案例，案例还被收录到《全球减贫案例集2022》当中，成为全球产业扶贫、乡村振兴的典范。

招商引资

第三届中国国际茶叶博览会期间，横州茉莉花品牌战略发布暨招商引资推介会签约总金额超9亿元，在参展商十大荣誉榜上，横州茉莉花茶企业独占六席。第四届杭州茶博会，横州茉莉花茶企签约总额超17亿元，成为全场最大的赢家，实现历史性新突破。第十七届全国农交会，项目签约金额4552.78万元，获得国内市场产销对接与出口拓展双丰收。

世界茉莉花大会，招大引强、招新引高。首届世界茉莉花大会期间成功签约11个项目；第二届世界茉莉花大会期间成功签约8个项目，总投资达26.93亿；第三届世界茉莉花大会，7个重点项目总投资额136.17亿元；

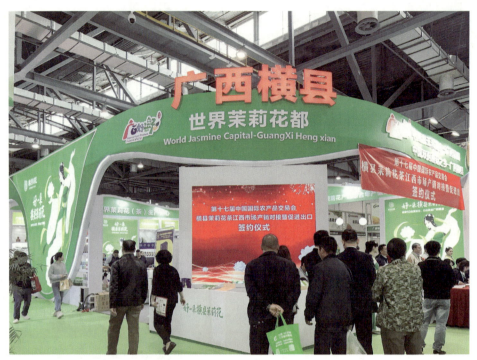

横州茉莉花参加第十七届全国农交会

第四届世界茉莉花大会再次成功签约8个项目，总投资额22.11亿元，建成后预计年产值约50亿元。

"横"空出市

2021年2月3日，经国务院批准，民政部批复同意广西撤销横县，设立县级横州市。横州市的设立，让横县的历史翻开了新的一页，开启全面建设新时代。

2021年7月29日，横县撤县设市揭牌仪式隆重举行，开启了横州市新时代新使命新征程。在加快构建双循环新发展格局背景下，横州正以全球视野，充分发挥"茉莉花源于世界、兴于横州"这一比较优势，让"好一朵横州茉莉花"产业走向全国，香飘世界。

横县撤县设市

横州市的设立，是传统农业地区迈向城市化和现代化的一座新的里程碑，标志着横州市从此进入了一个全新的发展时期。

效应评价

"横州是中国茉莉之乡，'全球10朵茉莉花，6朵来自广西横州'。"但如何从量的绝对优势到质的蜕变？娄向鹏老师设计的横州茉莉花品牌战略提出了颇具建设性的方案，找到了茉莉花全产业链的新路径，推动了茉莉花"标准化、品牌化、国际化"进程。

——中共横州市委书记　黄海韬

2015年7月，习近平总书记在吉林调察时强调，"粮食也要打出品牌，这样价格好、效益好"。所有产业，所有农产品，品牌强，价格才会好，效益才好。

根据《资本论》超额利润理论得出农业品牌一个理论认识：一个农产品、一个产业，只有当它的生产技术水平、经营管理水平超过社会平均水平时，才拥有定价权。如果生产经营水平是第一名，就拥有绝对定价权，第二、第三名以之后，拥有相对定价权。这个社会的范围，在一个国家，就是国内的定价权；在全世界，就是全球同类产品的定价权。品牌建设本质是打造定价权的过程。研究品牌建设，也就是研究强势品牌的三大要素——农产品标准化、（销售）规模化、产业和产品数字化的实现路径。打造强势品牌，形成定价权的路径。品牌建设过程就是打造农产品标准化、（销售）规模化、产业和产品数字化的过程。

2017年年底，广西横州茉莉花启动品牌建设，2018年正式聘请北京福来品牌策划机构帮助策划横州茉莉花品牌，确立打造世界茉莉花都、世界茉莉花产业集群，召开世界茉莉花大会的主攻目标。2019年，横州茉莉花产地收购价每千克上涨16元以上，花农亩收入增加8000～12000元，有力促进了农民增收、产业增效，全面推动横州乡村振兴。这源于全国市场对横州茉莉花品牌的反应。2017年以前，北京新发地农产品批发市场，每年都有10亿元以上的茉莉花茶销售，90%来源于广西横州，因当时横州茉莉花影响力小，经销商一打横州茉莉花品牌，就卖不动，只好打别的品牌。横州茉莉花经过几年坚持不懈的品牌打造，具备一定的品牌影响力，出现了不打横州茉莉花品牌，经销商卖不出好价格的现象，一度出现横州茉莉花市场抢购风波。这才有了横州茉莉花产地收购价大幅上涨的好景象。

——广西农业农村厅农村合作经济指导处处长、高级农艺师

韦斌华

下 篇
专题报道
XIANGCUN ZHENXING PINPAI YINLING

县委书记
当好乡村振兴一线总指挥的"七个必须"

文／福来咨询、中国人民大学品牌农业课题组

最高指示：县委书记是"一线总指挥"

2023年中央一号文件指出，办好农村的事，实现乡村振兴，关键在党。各级党委和政府要认真学习宣传贯彻党的二十大精神，学深悟透习近平总书记关于"三农"工作的重要论述，不断提高"三农"工作水平。全面落实乡村振兴责任制，坚持五级书记抓。

早在2020年中央农村工作会议上，习近平总书记作重要讲话时就明确要求县委书记要当好乡村振兴的"一线总指挥"，把主要精力放在"三农"工作上。这是对于乡村振兴最有战略性和指导性的行动纲领和根本遵循，同时发出了全面推进乡村振兴的总动员令。2021年中央一号文件再次强调"五级书记抓乡村振兴的工作机制"，明确县委书记应当把主要精力放在"三农"工作上。

郡县治，天下安。在中国共产党的组织结构和国家政权结构中，县一级处在承上启下的关键环节，是发展经济、保障民生、维护稳定的重要基础。在品牌农业新时代，县委被赋与新职能——乡村振兴"一线指挥部"，县委书记成为乡村振兴的"一线总指挥"，从而赋予了县级更多资源整合使用的自主权。

中国已进入全面建设社会主义现代化国家、向第二个百年奋斗目标进

军的新征程，乡村振兴站在了新的历史起点上。县委书记角色关键，责任重大。不仅要求认识上到位，也要求路径方法上对位，工作能力水平匹配。重任在肩，时不我待。县委书记该如何当好乡村振兴的"一线总指挥"？

北京福来咨询团队21年专注品牌农业领域，服务众多省市县各级政府和农业龙头企业，与中国人民大学品牌农业课题组共同提炼出县委书记当好乡村振兴"一线总指挥"的"七个必须"。

一、必须提升政治觉悟，这是前提

民族要复兴，乡村必振兴。"三农"问题是中国最大的问题，也是最大的政治。当前，我国已开启全面建设社会主义现代化国家新征程，"三农"工作转入全面推进乡村振兴。县域作为乡村振兴的主战场，县委书记作为"一线总指挥"，福来咨询认为，必须进一步提高政治意识，这是县委书记当好"一线总指挥"的前提。

农为邦本，本固邦宁。必须看到，全面建设社会主义现代化国家，实现中华民族伟大复兴，最艰巨最繁重的任务依然在农村，最广泛最深厚的基础依然在农村。在向第二个百年奋斗目标迈进的历史关口，巩固和拓展脱贫攻坚成果，全面推进乡村振兴，加快农业农村现代化，是需要全党高度重视的一个关系大局的重大问题。

只有认识"三农"工作的政治性，才能理解乡村振兴的重要性。县委书记要带头认真学习领会习近平总书记中央农村工作会议讲话精神，进一步增强责任感、使命感、紧迫感，坚定信心、咬定目标、真抓实干，全力做好乡村振兴工作。

县委书记要始终把乡村振兴列入"一把手"工程，作为最大的政治任务，抓在手上、扛在肩上，啃下继脱贫攻坚后又一块硬骨头。福来咨询服务的广西横州茉莉花和河南伊川小米项目，就是在县委书记的直接参与和亲自推动下，工作决策高效，成效显著。

广西横州市委书记黄海韬，从举办全市品牌农业大讲堂到引进外脑举办世界茉莉花大会等，都亲自推动，参与项目的每一次重要讨论和决策，并且在横州茉莉花文化挖掘上亲自和福来团队讨论细节。一个字、一句话、一幅图、一个物料，都要雕琢与讨论。在黄书记的直接推动和深度参与下，横州茉莉花品牌建设工作速度快，成效大。在第三届中国国际茶叶博览会上，签约总金额达9.325亿元，成为茶博会最闪亮的明星。横州通过成功举办四届世界茉莉花大会，已经为成为世界茉莉花茶产业中心和世界茉莉花都，在乡村振兴上迈出了坚实的一步。

县委书记作为乡村振兴一线总指挥，要坚持从讲政治的高度来看乡村振兴、抓乡村振兴，不断提高政治判断力、政治领悟力、政治执行力。同时一定要把乡村振兴列入"一把手"工程，打破常规，特事特办，高效决策，建功立业。

二、必须明晰三个抓手，这是路径

乡村振兴战略是关系全面建设社会主义现代化国家的全局性、历史性任务，是新时代"三农"工作的总抓手。2022年中央一号文件强调，我国已开启全面建设社会主义现代化国家新征程，"三农"工作转入全面推进乡村振兴，这是"三农"工作重心的历史性转移。

乡村振兴是"三农"工作的总抓手，那么进一步追问，乡村振兴的抓手又是什么？福来咨询认为是产业兴旺，因为产业兴旺是乡村振兴总任务的第一项，是基础。产业兴旺从何抓起，其标志是什么？是品牌。所有"三农"经济工作都应该用品牌经济贯穿和引领。

没有品牌，农产品就无法实现从产业优势转换成市场价值；没有品牌，消费者面对优质产品也不识。所以，品牌是带动整合乡村产业发展的根本抓手，是让绿水青山成为金山银山的金钥匙。

"三个抓手"总结起来就是：乡村振兴是"三农"工作的抓手，产业兴旺是乡村振兴的抓手，区域公用品牌是产业兴旺的抓手。这是县委书记当好一线总指挥必须明晰的推进路径。

山东寿光立足设施蔬菜，打造区域公用品牌，构建产业集群，是目前中国最大的蔬菜生产基地，蔬菜产业年经济总产值210亿元，农民纯收入70%以上来自蔬菜产业，是公认的全市人民的"命根子"。

盱眙龙虾通过区域公用品牌建设，现年综合产值突破139亿元，成为中国水产领域公用品牌价值第一（2022年产值评估为215.51亿元），造就了百亿级富民产业。

河南省西峡县，通过仲景香菇酱，带动了西峡香菇的产业转型和价值升级，推动区域特色产业持续做强做大。西峡香菇年总产量突破20万吨，年综合效益突破60亿元，全县农民纯收入的60%来自香菇产业，成为西峡富民强县的第一产业抓手。

乡村振兴怎么抓？只有找准坐标、找准方位、找准靶心，一切问题才会有章可循。这个战略抓手就是区域公用品牌建设。

三、必须做好顶层设计，这是捷径

习近平总书记强调，全面实施乡村振兴战略的深度、广度、难度都不亚于脱贫攻坚，必须加强顶层设计，以更有力的举措、汇聚更强大的力量来推进。

三个抓手逻辑为"一线总指挥"明确了乡村振兴路线图，核心工作就是区域公用品牌建设。区域公用品牌工程，是"乡村振兴、产业兴旺"的着力点，是基本面，是直接抓手。它是巩固脱贫攻坚成果、一二三产业融合和区域社会经济高质量发展的战略抓手。吉林大米、寿光蔬菜、盱眙龙虾、洛川苹果、普洱茶叶、横州茉莉花等，都是典型例证。

福来咨询强调，区域公用品牌建设没有捷径，做好顶层设计，不走弯路、错路，就是最大的捷径。"双轮驱动，三极联动"是最符合中国国情的农业品牌发展道路，这也是捷径。

双轮驱动指政府主导、企业主营，政府企业要双轮驱动。

中国农业是大国小农，想在农业上做点大事，没有政府主导可不行。

政府要主导区域公用品牌建设工作，做好顶层设计，搭建产业平台，夯实产业基础，提升产业竞争力，打响农产品区域公用品牌。

政府要主导，但不能越位。政府公共服务的职责，决定了不能代替企业进行市场经营，要培育龙头企业承担市场中的主角作用，打通区域公用品牌到用户消费品牌转化的"最后一公里"。

没有政府主导，产业像一盘散沙；没有企业主营，政府主导落不到实处。政府和企业各司其职，互为依托，发挥擅长，相互配合，缺一不可。

在吉林松嫩平原崛起的"查干湖大米"品牌，其经营主体松原粮食集团，是吉林省松原市政府投资控股组建的大型国有粮食企业，以松粮集团为龙头，联合吉林省西部22家米业企业，成立查干湖大米产业联盟，以"查干湖大米"品牌为引领，共举一杆旗、同打一张牌，形成品牌联合体，抱团取暖、联合突围，实现了区域大米价值的提升，成为了农产品品牌建设双轮驱动的典范。

"三极联动"指省、市、县"三极联动"。以省市农业服务品牌为面、省市大单品品牌为线、一县一业品牌为点，点线面结合，协同发力，实现"三极联动"。

"一极"是省市政府立足全局，高瞻远瞩，是关键引领力和推动力，进行价值赋能、政策赋能和服务赋能，服务地方，倒逼地方，如河北农品、云南"绿色食品牌"、洛阳源耕等。"二极"是聚焦产业推出省市大单品品牌，形成特色优势产业连片聚集效应，带动省市的品牌农业经济发展，如宁夏枸杞、云南普洱、兴安盟大米等。"三极"是一县一业品牌，是着力点，是主战场，也是对省市农业服务品牌和省市大单品品牌的强力支撑。

《道德经》第五十三章："大道甚夷，而民好径。"思路错了，执行越到位，偏差越大。

实践证明，县委书记作为"一线总指挥"，一定要善于借助具有权威性和公信力的全国性咨询机构和专家资源，走正道，谋大局，不走弯路、错路。

四、必须确定主导产业，这是根本

很多县域有多个产业，都有一定产业基础，面对这种情况怎么办？资源总是有限的，再多的优势产业也不要齐头并进，作为"一线总指挥"，必须确定主导产业，重点打造，这是根本。不然个个吃不饱，个个养不大。

一个县市，将一个区域公用品牌装入多个产业，或者同时推进多个产业的区域公用品牌，都是贪巧求速想走捷径的错误做法。聚焦精力打造一个主导产业，不搞大而全的多产业品牌很关键。

如何选择主导产业，福来咨询认为标准有三。一看产业有没有可能做成全国老大、省域老大或者行业老大。成为老大才有定价权和话语权。二看产业生态条件、品种品质有没有特色，能不能做出附加值。三看产业是否符合未来的发展趋势。顺大势，做大事，顺势而为。

广西横州，拥有茉莉花、甜玉米、双孢菇、蔗糖、桑蚕等多个全国性优势产业，但在产业选择上，第一步聚焦横州茉莉花。在福来咨询的协助下，集中力量把横州建设成为"世界茉莉花产业中心"，推动茉莉花产业向更高质量发展。2021年横州茉莉花（茶）年综合总产值达到143.8亿元，品牌价值218亿元，成为名副其实的区域经济发展引擎。

福来咨询服务的内蒙古兴安盟，有米、菜、油、糖，猪、禽、牛、羊八大主导产业，但第一步聚焦在大米。仅一年时间，成功将"兴安盟大米"叫响全国，附加值大大提升。

乌兰察布有众多优势产业资源，是中国马铃薯之都、燕麦之都、草原酸奶之都、草原皮都等，貌似多品类顺理成章，但是福来团队用专业和实践说服领导，聚焦乌兰察布马铃薯进行区域公用品牌打造。

品种战略是产业和区域公用品牌的源点，又是最吃功夫的地方，要想取胜，必须在这个起点上动真格的。五常大米好，但不是所有五常产的大米都那么好，最能代表五常大米的是五常稻花香二号。褚时健老人说起他的橙子滔滔不绝，但是他说得最多的还是品种和质量。

　　中央农办主任，农业农村部党组书记、部长唐仁健强调，推进种业创新，首先要打牢基础，种质资源库就是重要的基础之一，要推动品种培优、品质提升、品牌打造和标准化生产。

　　种子是产业的"芯片"。内蒙古兴安盟盟委行署携手中国工程院院士、杂交水稻之父袁隆平，成立兴安盟袁隆平水稻院士工作站，开展对现有水稻品种选育及优质高产水稻品种研发，为兴安盟大米区域公用品牌的建设提供了强大的信"芯"。

　　一枝独秀不是春，百花齐放春满园。产业集群是产业发展的高级阶段，打造产业集群，实现从产品、品牌和产业优势的"点"到产业的"链"，再到整个区域经济的"面"。产业集群形成后，产业兴旺、乡村振兴，自然水到渠成，从而带动整个区域经济繁荣强盛和可持续发展。最终形成中国或世界产业之都，成为拉动区域经济跨越式发展的重要战略引擎。

五、必须打造公用品牌，这是引擎

　　双轮驱动首先是从区域公用品牌开始，这是政府主导的品牌战略大戏，是整体拉动和提升产业水平、带动区域经济全局性发展的行为，为产业、企业、产品进行铺路与赋能。打造区域公用品牌是乡村振兴的引擎。

　　区域公用品牌建设，不单是品牌或产品策划，也关系到产业乃至区域经济的未来发展，这是全局性、领衔性、基础性的工作。区域公用品牌打造对内"打基础，搭平台"，做好品种、品质、品牌"三品"战略，对外讲好品牌故事，做好市场化宣销，充分为产业和企业铺路赋能，全心全意为企业和农户服务。

　　在公用品牌建设上，福来咨询特别提醒必须要实名制。近年来，从省域、市域到县域，出现了大量农产品区域公用品牌，不说产地，不说产品，隐姓埋名，另起一个很艺术但不知所云的名字，这种全品类无地域模式给公用品牌建设造成了混乱，起到了错误的示范作用。

　　产地是决定农产品品质特色的第一因素，地域名称不是品牌的负担，相反是区域公用品牌最大的品牌资产，放着宝贵资产不用，打造一个全新的品牌，舍本逐末。

宁夏枸杞、盱眙龙虾、汝阳红薯、横州茉莉花、荔浦砂糖桔、三江早春茶、烟台苹果等，"产地＋产品"，我是谁，我从哪里来，非常清晰，这是农产品区域公用品牌命名的基本逻辑。

福来咨询一直强调和呼吁：农产品区域公用品牌必须实名制！要"真名、实名、地名"，杜绝"艺名、假名、虚名"。农业农村部指导的百强农产品区域公用品牌评选和中国农业品牌目录制度征集中，明确规定，没有品类和产地的品牌，没有资格参与评选。福来高度赞成。

福来咨询认为，公用品牌策划，要懂农业，更要懂市场，要跳出单纯文化思维，站在外部思维、市场思维、产业思维，进行战略顶层设计，才能真正赢得客户和市场的信任。

六、必须要寻根找魂，这是命脉

为什么许多地方的农产品区域品牌和区域经济发展后劲乏力、不可持续？为什么许多品牌徒有虚名，没有提升产品价值，消费者不喜欢、不选择？原因就是战略无根、品牌无魂。因此，在乡村振兴战略中，必须为主导产业寻根找魂，这是命脉。

新时代的经营王道是做有根有魂的事，根与魂是经营的任督二脉，打通后，则目标更明确、竞争更有力、事业更长久！

三江茶品质屡获殊荣，产业基础很好，但缺乏战略性明星品类。因此，福来为三江茶制定的战略之根以三江早春茶为核心，以三江侗茶为特色，以其他茶为补充，打造中国茶叶新锐产区。

西林沙糖橘皮薄、汁多、甜度高，最大的优势就是上市时间早，因此，福来咨询为西林沙糖橘制定的战略之根为"最早上市的高品质沙糖橘"，并创意"西林沙糖橘，先天下之甜而甜"品牌口令，牢牢将"上市早"抓住。

兴安盟大米是福来咨询服务的区域公用品牌。过去他们的大米总是被东北著名产区用很便宜的价格收走，但是今天终于扬眉吐气了，仅仅两年的时间，量价齐增30%。关键就是八个字——"东北上游，净产好米"，这就是根，这就是魂。找到了根与魂，产业发展就会启动加速器。

盱眙龙虾的品牌灵魂是什么？福来咨询探究消费动因发现，很多吃货爱吃小龙虾，却又怕"不干净"，盱眙龙虾作为虾中贵族，腮白、腹白、肉白，黄多、肉多，俗称"三白两多"。如何表达？巧妙借用一个网络热词"白富美"，为盱眙龙虾找到品牌灵魂——小龙虾中的"白富美"，一句话树立行业品质标准和品牌价值标杆，消除消费隐忧。这就是品牌灵魂的力量和价值。

福来咨询认为，文化是区域公用品牌创意的"富集地"，源于文化的品牌创意是经典的、永恒的、可持续的。

用品牌灵魂嫁接公共资产是诞生伟大创意的最佳路径。以福来咨询服务的横州茉莉花为例，她的文化价值是什么？深入研究茉莉花的千年文化史和发展脉络，激动地发现一个世界级公共资产——歌曲《茉莉花》。这首歌耳熟能详，家喻户晓，号称"第二国歌"。《茉莉花》是歌名，但真正成为最大公共资产的只有一句歌词——好一朵美丽的茉莉花，最终"好一朵横州茉莉花"超级品牌口令出炉，被业内评价传播价值一个亿。

新时代农产品区域品牌建设的王道，就是做有根有魂的事。一个产业，一定要在战略上找到自己的根基，要在品牌上找到灵魂，这是新时代农产品品牌建设最重要的一件事情，也是农业品牌的特殊性，也是与做工业品品牌最大的不同。

七、必须坚持激光穿透，这是定力

只有建立了品牌，才有附加值、话语权和持续收益，形成产业兴旺、乡村振兴和巩固脱贫攻坚成果的长效机制。但在创品牌阶段，需要战略性投入，就像飞机在起飞时最费油一样。

县委书记作为"一线总指挥"要跳出单纯的短期财务指标，站在乡村振兴与区域社会经济可持续发展的战略高度上，加大战略性持续投入力度。

在品牌传播上，政府能够投入的人、财、物、资源总是有限的。福来咨询主张要集中力量办大事，围绕"根与魂"，进行激光穿透式传播，这样才能针尖捅破天，以有限的资源，取得最大传播效能。四面出击，平均用力，结果往往是不疼不痒！

多年实践，福来咨询探索出区域公用品牌传播的激光穿透模式——大会营销。一个大会，成就一个品牌，引领一个产业。

山东寿光，十九年如一日，聚焦建好蔬菜科技示范园、开好菜博会。该会议不仅成为国家级，也成为世界级蔬菜行业的盛会和交流平台，被认定为国家5A级农业展会，成为推动寿光蔬菜产业及寿光社会经济高质量发展的重要战略抓手。

盱眙龙虾之所以年综合产值突破139亿元，成为中国水产领域公用品牌价值第一（2021年评估为215.5亿元），这关键的一点是县委县政府历届领导，20年如一日，敢于进行战略性投资、大手笔产业规划和品牌策划，持之以恒高规格举办盱眙龙虾节、大气魄创造万人龙虾宴，走进北上广、远赴美欧澳，造就了百亿级富民产业，成为国民级农产品区域公用品牌。

横州作为中国茉莉之乡，创办了中国茉莉花文化节和全国茉莉花交易博览会两大行业盛会，每年一场，交替召开。为了打造世界茉莉花产业中心，抢占世界行业话语权，福来咨询建议两会合一会，召开世界茉莉花大会，目前已经成功举办四届。近几年，横州不仅引进了北京张一元、浙江华茗园、台湾隆泰实力龙头企业，还成功吸引了中建一局集团，开启共建国家现代农业产业园和全国特色小镇的产业高质量发展新篇章。

守正笃实，久久为功。实施乡村振兴战略是一项系统工程，县委书记作为第一责任人，作为"一线总指挥"，要站在对未来负责、对历史负责、对区域社会经济发展负责的高度，正确研判形势，高效做出战略部署和行动，率先发力，抢占新机遇，实现新作为，同时保持战略定力，以钉钉子精神，一张蓝图绘到底，一以贯之地执行。这考验着每一位县委书记的远见、勇气和魄力。

（原文载于2021年2月23日神农岛，有部分修改）

《人民日报》专访——
娄向鹏：农业品牌建设必须找到中国道路和中国方法

"我国农产品营销目前大多还停留在'萝卜青菜，装筐就卖'的产品阶段，很难联想到品牌建设和营销策划，品牌缺失是中国农产品最大的短板。"福来咨询机构董事长、中国人民大学品牌农业课题组组长娄向鹏表示。中国农业经历了三次重大变革，从公元前7000年的猎狩到种植，从张骞西行的欧亚交流到农业机械化。今天，中国农业正迈入信息化、智能化、网络化和品牌化驱动的第四次历史性变革。娄向鹏认为，未来20年，世界看中国，中国看农业，农业看品牌。

娄向鹏接受《人民日报》专访

品牌是金钥匙

人民日报客户端三农频道：中国是农业大国，不过中国农业品牌意识觉醒的却比较晚，是什么原因造成的？目前我国在农业品牌打造方面处于什么阶段？

娄向鹏：中国经济迅猛发展了40余年，中国制造影响到了全球，中国工业化和城市化取得了巨大的成就和进步，但我们中国的农业生产相对落后，尤其是品牌建设。

不可否认，改革开放后，尤其是近十年，中国的农业经济有了长足的进步与发展。但在经营制度、土地贡献率与农产品增值率、农业生产对国民经济的贡献上，仍然有不少提升空间，与活跃的市场需求和迅速增长的市场规模之间仍有较大差距。以一家一户分散经营为主，龙头企业普遍薄弱，规模小，效率和效益不高，质量不均匀不稳定，可追溯率低，产销首尾不见面，与产业后端的已经实现部分现代化的加工业、食品业工业和先进的大商业仍不匹配不适应，产业不贯通，客观上为食品安全带来了一定的隐患。这就决定了品牌农业，农业产业化、农业现代化发展的迫切需求与必然。

党的十九大报告中指出，乡村振兴战略是关系全面建设社会主义现代化国家的全局性、历史性任务，是新时代"三农"工作的总抓手。

其中产业兴旺是乡村振兴总任务的第一项，是基础，是推进经济建设的首要任务。产业兴旺从何抓起，其标志是什么？品牌！所有"三农"经济工作都应该用品牌贯穿和引领。

没有品牌，农产品就无法实现从产业优势转换成市场价值；没有品牌，消费者面对优质产品也不识。所以，品牌是带动整合乡村产业发展的根本抓手，是让绿水青山成为金山银山的金钥匙。

总结起来就是"三个抓手"：乡村振兴是"三农"工作的抓手，产业兴旺是乡村振兴的抓手，品牌强盛是产业兴旺的抓手。

所以，我有一个重要论断：未来20年，世界看中国，中国看农业，农业看品牌。

四大突出问题

人民日报客户端三农频道：全国各地争相打造区域公用品牌，甚至成为"潮流"，但是成果参差不齐，对于这种现象您怎么看？打造区域公用品牌需要具备哪些要素或条件？

娄向鹏：的确如你所言，当前，农产品区域公用品牌建设在全国蓬勃发展，但是80%以上没有产生理想的市场效应，走了误区和弯路。根据我的经验，可能有三点没做好。

第一是"根与魂"缺失或者根本不对。区域的特色产业没有选对，区域公用品牌的特色与价值没有提炼放大，缺乏市场竞争力和消费吸引力，也可以说是顶层设计没做好。

第二是经营主体企业缺位或者实力弱小，无法有效带动产业发展，无法有效实现区域品牌效应的市场承接与变现。像福来咨询服务的"寿光蔬菜"就很典型，当地主体企业相对弱小，为更好地带动产业发展，由政府主导，整合近十家企业，由国资控股，成立了寿光农发集团。另外还有松粮集团、盱眙龙虾集团、涪陵榨菜集团都是典型。

第三是市场化对接没做好。政府搭台，企业唱戏，推介会只是开始，不是结果，后面的渠道商、销售平台的需求跟进、消费者痛点关照及产品细节打磨，都至关重要，这些涉及产品的标准化、规模化、长期稳定的供应能力，市场化的产品包装、规格、定价、广宣、推广等。

根与魂、经营主体、市场化对接，这是影响结果的根本要素。

当然，还有一个重要的前提，就是基础要打牢。做农产品区域公用品牌，品种第一、品质第二、品牌第三。"优品种、提品质"是基础，基础扎不牢，品牌也是空中楼阁。

优品种是产业和区域公用品牌的源点，又是最吃功夫的地方，要想取胜，必须在这个起点上动真格。"优品种、提品质"是区域公用品牌做高价值走得更远的战略保障。

人民日报客户端三农频道：近几年，很多全品类的农产品区域公用品牌模式似乎很流行，但这种模式是否真的有效？您对这个问题如何看待？

娄向鹏：这个确实存在。许多地方盲目热衷于打造全品类无地域的区域公用品牌，这种把多个农业产业打包成一个品牌，甚至不体现区域名称的做法，看起来很热闹，不偏不向，雨露均沾，但我不主张这么做，我认为这是目前农产品区域公用品牌打造的一个普遍误区。

因为，这种没有品类指向，甚至没有区域名称的区域品牌，最直接的问题是缺乏"三个抓手"，即政府工作没有抓手，龙头企业经营没有抓手，消费者选择没有抓手。没有人知道这是谁做的品牌，为什么产品做的品牌，忘记了做品牌的目的和意义。

没有主导产业，不聚焦基于当地地理气候及人文条件的优势特色品类，政府工作的落脚点在哪里？政策和资金向哪里倾斜？这特别容易造成政府公共资源的浪费。平均用力，怎么能够培育出有竞争力的产业和品牌？怎么与外地产品形成差异化竞争优势？

因此，福来咨询一直强调和呼吁：农产品区域公用品牌必须实名制！要"真名、实名、地名"，杜绝"艺名、假名、虚名"。"地域＋品类"，这是农产品区域公用品牌命名的基本逻辑。如果品牌名称没有区域名，品牌谁做的、谁受益不清楚，那么做品牌的意义在哪里？承担不了带动区域经济社会发展的使命。产地名称是农产品区域公用品牌最重要的资产，放着宝贵资产不用，打造一个全新的品牌，舍本逐末。

做品牌，必须有足够的资源支撑及运营能力，吉林大米三年花了1亿元的推广费，如果同时做多个品牌，可想而知需要花费多少资源和精力。所以，要一个品牌聚焦一个品类，一个品类接一个品类地做，做品类的代表品牌，而不是打包一起做，不能做大杂烩品牌。

双轮驱动与寻根找魂

人民日报客户端三农频道：商业品牌和区域公用品牌在打造的过程中如何权衡，做到共赢？如何规避区域公用品牌误区？

娄向鹏：农产品区域品牌包括两种品牌，一种是农产品区域公用品牌，另一种是农产品商业品牌，即企业（产品）品牌。其中，农产品区域公用品牌是指特定区域内的相关机构、企业、农户等所共有的，在生产地域范围、品种品质管理、品牌授权使用、产品营销与传播等方面具有共同标准和行为规范，共同创建和经过授权方可使用的品牌，如盱眙龙虾；而农产品企业品牌指的是特定区域内由一个企业注册、打造和权益独享的品牌，如乌江榨菜。

区域公用品牌和联合体企业品牌是农产品区域建设的两大战略支点，缺少任何一种品牌都会出现问题。

区域公用品牌是政府主导的品牌战略大戏，是整体拉动和提升产业水平、带动区域经济全局性发展的行为，是符合农产品在一个区域里多个主体经营现实要求的，是必须做和绕不开的工作。同时，塑造区域公用品牌还为联合体企业品牌进行铺路与赋能。

没有区域公用品牌，单独靠一两家企业根本不可能做成一个大产业，不符合农业产业规律；没有企业联合体品牌，区域公用品牌就变成了半拉子工程，产业里没有龙头企业领军，没有集中度，如同一盘散沙，消费者茫然不知道选择谁。

没有政府主导，产业像一盘散沙；没有企业主营，政府主导落不到实处。政府和企业各司其职，互为依托，发挥特长，相互配合，缺一不可。"政府主导、企业主营，双轮驱动"是最符合中国国情的农产品区域品牌发展道路。

人民日报客户端三农频道：您认为农产品区域品牌建设必须"寻根塑魂"，为什么？未来在打造品牌的过程中应该更注重什么？

娄向鹏：为什么许多地方的农产品区域品牌和区域经济发展后劲乏力、不可持续？为什么许多品牌徒有虚名，没有提升产品价值，消费者不喜欢、不选择？原因就是战略无根、品牌无魂。

新时代农产品区域品牌建设的王道，就是做有根有魂的事。根与魂是任督二脉，打通，则产业更顺畅，品牌更长久。

战略之根是基于市场生态环境做出的根本性抉择。做战略通俗地说是要回答：做什么、为什么和凭什么。战略寻根就是寻找区域公用品牌持续发展的根基，是基于区域及生态环境做出的根本性选择，是构建品牌的百年大计。

另外，许多人的农产品品牌观念一直停留在种养思维、产品思维和广告设计思维上，品牌如行尸走肉，没有灵魂，没有和消费者关联，没有形成独特的品牌价值，没有和竞品形成差异。

在消费者心智中，是否建立产地、文化、品种、品质价值差异，是决定农产品品牌成败的第一因素，也是寻找品牌灵魂的源泉，这是农业的特殊性，是与做工业品品牌最大的不同。

盱眙龙虾的品牌灵魂是什么？我们探究消费动因发现，很多吃货爱吃小龙虾，却又怕"不干净"，盱眙龙虾作为虾中贵族，腮白、腹白、肉白，黄多、肉多，俗称"三白两多"。如何表达？我们巧妙借用一个网络热词"白富美"，为盱眙龙虾找到品牌灵魂——小龙虾中的"白富美"，一句话树立行业品质标准和品牌价值标杆，消除消费隐忧。这就是品牌灵魂的力量和价值。

新西兰奇异果的国际启示

人民日报客户端三农频道：国外是否也有区域公用品牌这种概念，他们在打造过程中是以谁为主导？是否有什么可以值得借鉴的经验？

娄向鹏：为了研究品牌农业，我这几年确实没少往国外跑，我称之为"品牌农业西游记"。国际上成功案例不少，如法国的波尔多葡萄酒、依云矿泉水，美国的爱达荷土豆、加州新奇士脐橙，新西兰的佳沛奇异果，荷兰的郁金香，韩国的高丽参，日本的神户牛肉和越光大米。其中，最具代表性的就是新西兰的佳沛奇异果。

新西兰佳沛奇异果99％出口，每年出产量7000万箱，销售市场遍及全球70多个国家和地区，占全球奇异果市场总销量的33％，高居世界第一。

众所周知，奇异果就是猕猴桃，是新西兰从中国引种过去的，在奇异果的"老家"中国，佳沛的年销售额超过50亿元人民币，约占其全球销售额的30%，成为佳沛全球最大的市场。佳沛奇异果的市场成绩，是新西兰举全国之力成就的，反过来佳沛奇异果为新西兰带来了荣耀、财富和活力。

佳沛奇异果的成功，源于2700多户果农在政府的支持和帮助下，组建了一个统一的市场平台——新西兰佳沛奇异果国际行销公司，打造"佳沛"一个品牌，集中并整合果农资源形成单一出口的营销模式，加强品种培育、果园生产、包装、冷藏、运输、配售及广告促销等环节的整合，使得新西兰奇异果成为全球奇异果市场的领导品牌。佳沛奇异果的成功离不开由2700多户果农共同参股，成立的新西兰奇异果国际行销公司这一联合体企业，它打造了一个"佳沛"消费品牌，成就了世界第一的产业和品牌地位。

大量国际品牌实践告诉我们，一个农产品区域品牌成功，除了国家或地方政府出面推动、扶持，更重要的是"三一聚焦模式"，即聚焦一个主导产业、聚焦一个主体企业、聚焦一个消费品牌，尤其是市场经营主体企业，我们叫"联合体企业"，也是利益共同体，大家利益共享，风险共担，非常重要。

区域公用品牌的三级联动

人民日报客户端三农频道：区域公用品牌如何为未来农业赋能？各级政府应如何定位和分工，分别发挥怎样的作用？

娄向鹏：如今，对于农产品区域公用品牌的建设，各地之间都在暗自较劲。如何站在全局高度，建立推动并引领农业品牌建设快速发展的机制呢？

我认为，首先必须做好三大工程，实现"三极联动"。

"一极"：省级农业整体价值背书工程，服务地方，倒逼地方。

根据省域的地理位置、地貌特点、农业禀赋，提炼出这个省的农业特色价值并对外传播，形成一种"类文旅"的省级农业品牌效应，从而为省域内的特色优势农业产业、一地一特农产品进行平台服务、品质认证、价值赋能，推动全省农业产业的高质量发展。

我们为河北省农业品牌建设服务时，为其整体形象创意设计的"河北农品，百膳冀为先"，就彰显了河北农业的资源优势和价值特征。其高调亮相2019全国农交会，带动全省各地的农产品区域公用品牌和龙头企业品牌走向全国。"河北农品，百膳冀为先"被写入河北省委省政府2020年一号文件。

"二极"：省域超级大单品品牌工程，聚焦一产业，影响全世界。

站在全国甚至全球的角度，从外向内看一个省的特色农业产业资源，找出全国乃至世界第一或唯一的优势特色产业（品类），打造一个或两个超级大单品品牌，形成产业连片聚集效应，带动全省的品牌农业经济发展。

如国内的宁夏枸杞、吉林大米、湖南茶油、云南普洱等；国际上的法国波尔多葡萄酒，美国爱达荷土豆、华盛顿苹果等。

"三极"：县市一地一特品牌工程，是着力点、是主战场。

县市一地一特品牌工程，是"乡村振兴、产业兴旺"的着力点，是基本面，是直接抓手，是农产品区域品牌建设的主战场；同时也是对省级农业整体价值工程和省域超级大单品品牌的支撑。

一地一特区域公用品牌，如盱眙龙虾、寿光蔬菜、横州茉莉花、红河梯田红米、容县沙田柚、乌兰察布马铃薯、兴安盟大米、伊川小米等。

聚焦精力打造一个主导产业，不搞大而全的多产业品牌很关键！福来咨询服务的内蒙古兴安盟，有米、菜、油、糖、猪、禽、牛、羊八大主导产业，但在区域公用品牌建设上，第一步只聚焦在大米上，仅用一年时间，成功将"兴安盟大米"叫响全国，附加值大大提升。

对于一地一特工程（或一县一业）的实施，统一领导，统筹规划至关重要，要由省级农业主管部门统筹，根据全省的整体规划来选择和实施，避免各自为政，分散资源，尤其是区域公用品牌建设的资金使用，要做到专款专用，明确产业基础投入和品牌创建的软硬投入比例，避免县、市（州、盟）政府不会花、不敢花、胡乱花。为避免效果打折扣，一地一特品牌建设，必须作为"一把手"工程，列入地方党政"一把手"的考核体系。

只有"三极联动"，才能以省级为战略服务平台，统筹全局，纲举目张；以超级大单品为省域产业名片，树大影响，做大带动；以县市一地一特为抓手，做强一点，带动一片的点面结合、上下合力的高效联动效应。

（原文载于2020年3月30日人民日报客户端三农频道）

新华社专稿——
娄向鹏：中国农产品具有创建世界级品牌的基因

随着中国加入WTO走入第二十个年头，我国农产品贸易持续快速增长。中国农产品贸易额由2001年的279亿美元增至2021年的3047亿美元，稳居全球第二大农产品贸易国、第一大进口国、第五大出口国。

加入WTO后，农产品关税大幅削减，市场准入门槛显著降低，我国由原来的农产品出口国转变为世界主要农产品进口国。法国葡萄酒、瑞士奶酪、哥伦比亚咖啡豆、新西兰奇异果和牛奶、日本神户牛肉和越光大米、挪威三文鱼等国外优质农产品、食品大量涌入国内，对我国农产品市场造成强烈的冲击。

国内的农业企业、品牌该如何与国外农产品竞争？创造农业品牌、名牌成为摆在国内农业企业面前的一项急迫任务。

农业是诞生品牌的天然沃土

农业是诞生大企业、大品牌的源头和起点。

世界最大的食品企业雀巢，其产品雀巢咖啡源于滞销的巴西咖啡豆；可口可乐，是从古柯(Coca)叶子和可拉(Kola)果实中"提取"出来的世界品牌；立顿，是从茶叶里泡出的全球大品牌；亨氏食品，靠番茄酱红遍全球；家乐氏，从密歇根玉米、小麦中开创谷物早餐的大品牌；乐事薯片，依托爱达荷土豆的产业支撑风靡世界……

在中国企业500强的榜单里，新希望集团、双汇、正邦集团、伊利、温氏、双胞胎集团等农牧企业赫然在列。蒙牛、首农、三全、好想你、今麦郎、农夫山泉、鲁花……都是从大农业行业中生长和壮大的。

伊利、蒙牛依托内蒙古大草原的牛奶走向全球，茅台、五粮液、泸州老窖在原产地建立起自己的酿酒高粱基地，王老吉在全国建有金银花基地，农夫山泉拥有千岛湖等优质水源地，老干妈辣酱可以说是遵义辣椒结出的"果实"，文山三七是云南白药的根，红塔烟草（集团）更是几乎做到了一款产品一个基地的极致水平。

对标北美的食材流通领域，巨头公司西斯科(Sysco)业务涵盖鲜冻肉、海鲜、家禽、蔬菜、水果、零食以及环保餐具、厨房用品等领域，年营业额550亿美元，服务20万家客户，占美国整个食材配送市场份额的20%。

而在中国，更有一个惊人的农业市场，阿里巴巴、京东、双汇、美团、顺丰等品牌纷纷加入这个市场，假以时日，中国的"西斯科"一定会诞生。盒马鲜生、本来生活、每日优鲜、叮咚买菜、百果园等新型零售企业正在中国市场创造新的商业模式和传奇。这些将共同构成品牌农业的产业链和价值链。

做好品牌农业，就是要以品质化、标准化、专业化和特色化为基础，以市场需求为价值原点，以品牌营销为战略抓手，以高质量发展为根本目标，打造全新的农业生产经营方式和发展模式。

中国智慧和中国文化的独特价值

加入WTO以来，在我国受欢迎的老干妈辣酱、冰糖葫芦、宁夏枸杞、枇杷膏等相继在国外成为网红食品。人们欣喜地发现，中国特色农产品和食品，具有创建世界级品牌的基因，最易创造出代表国家名片的农业品牌。

中国广袤、丰富、多元的自然气候和地理地貌，孕育了世界上少有国家能比拟的自然资源和产品品类。中国是农产品大国，拥有国家农产品地理标志8000余件，蓬勃发展的"一县一业""一乡一特""一村一品"也足以说明这一点。

中国农副产品品类资源非常丰富，宁夏枸杞、长白山人参、云南普洱、广西柑橘、河北板栗、新会陈皮、绍兴黄酒、东北大米、涪陵榨菜、新疆干果、内蒙古牛羊肉、西藏虫草、青海青稞、玉树牦牛、中华猕猴桃、洛阳牡丹、苏州丝绸、茅台酒、云南白药、遵义辣椒、黄山毛峰……数以万计的特产品类资源，蕴藏着让世界多数国家都羡慕的"金山银山"，这是打造品牌的天赋和资本。

相比世界上绝大多数国家，中国历史更悠久、文化更厚重，源远流长的"药食同源"养生智慧，构成中国独有的、且具有全球竞争力的国家资源。

中国培育了世界上最早的水稻、粟(小米)和菽(大豆)，开辟出世界贸易大动脉——丝绸之路，创作出世界上最早、最先进的农业科学著作《氾胜之书》《夏小正》《齐民要术》等，从本源上提出"道法自然""天人合一"的宇宙观和生态观，为全世界贡献了不可替代的农业资源、农业科技和农业哲学。

丝绸之路放大了中国农业的资源与品牌优势。作为农耕时代的世界强国，丝绸之路上中国的瓷器、茶叶、丝绸、中医药等的输出，深刻影响了全世界，成为耀眼的国家名片。

2018年，在美国10年来最严重的季节性流感疫潮中，来自中国的特色产品——枇杷膏成为美国人心中的新网红。可口可乐、雀巢卖中式茶饮，肯德基、麦当劳大力推出油条、茶叶蛋甚至螺蛳粉。这就是中国特色的力量。

大农业的全新产业图景

2010年1月1日，中国－东盟自贸区正式启动，大部分农产品实现零关税，使得更多农产品在中国与东盟之间实现自由流通，进一步扩大了我国农产品出口的规模。同年，我国人均GDP突破5000美元，2019年达到1万美元。全球经济规律告诉我们，当一个国家或地区的人均GDP达到5000美元时，居民消费就开始从温饱型向享受型转变，社会经济结构、产业结构和消费结构将发生历史性升级。

全球最大的市场以及全球最多的4亿新中产消费群体的形成，从吃饱到吃好的战略性转型，大农业、大食品、大健康产业的深度融合，移动互联、冷链物流、大数据、人工智能、5G等技术和基础设施的广泛运用与逐步普及，生态文明、绿色兴农、质量兴农、品牌强农、供给侧结构性改革、脱贫攻坚、一二三产业融合、乡村振兴，以及创建国家现代农业产业园、中国特色农产品优势区、产业集群等政策的大力推进，为新时代中国农业的现代化、产业化和品牌化提供了最好的时代机遇和发展土壤。

品牌是带动、整合和促进乡村产业发展的根本抓手，是让绿水青山成为金山银山的"金钥匙"。2017年，农产品区域公用品牌建设首次被写进了中央一号文件。原农业部将2017年确定为品牌推进年，第一次把品牌创建正式作为提高农业综合效益和竞争力，促进农业增效和农民增收的全局性战略手段来抓。2018年6月，农业农村部印发《关于加快推进品牌强农的意见》。

于是，宁夏枸杞、湖南茶油、寿光蔬菜、盱眙龙虾、横州茉莉花、勐海普洱茶、容县沙田柚、兴安盟大米、伊川小米、乌兰察布马铃薯、盐池滩羊、洛川苹果等一大批农产品区域公用品牌涌现出来，品牌建设初见成效。

各路金融资本、网络科技企业纷纷"下地务农"：联想从青岛蓝莓、浦江猕猴桃、龙井茶叶入手进军现代农业；恒大通过长白山矿泉水、米面油打造品牌农业；阿里巴巴成立数字农业事业部，用人工智能、区块链、大数据和渠道资源为农业赋能；碧桂园、万科分别打造社区生活服务终端品牌"碧优选"和"万物市集"；格力直接投资松粮集团做大米生意；中信先后控股隆平高科和澳优乳业；深创投、摩根、鼎晖等资本纷纷投向大农业；

海尔从金乡大蒜开始打造农业物联网食联生态平台……给新时代农业品牌开辟了崭新的发展路径。

在中国大地上，农业正呈现出令人热血沸腾的全新产业图景。世界看中国，中国看农业，农业看品牌！

（原文载于新华社《中国名牌》"入世"20年特刊）

新华社专稿——
从地理标志产品到心理标志品牌

文／福来咨询、中国人民大学品牌农业课题组

地理标志产品的品牌建设是乡村振兴的重要抓手。2021年3月1日，中欧地理标志协定正式生效，每一个入围的地理标志产品（以下简称地标产品），即将面对的是市场竞争的物竞天择和大浪淘沙。

事实上，中国地标产品真正具备全球知名度和产业影响力的品牌还很少。如何为地标产品打造品牌这个战略价值支点，从而让地理标志成为大众的心理价值标杆呢？这就需要每个地标产品和相关产业，完成区域公用品牌打造的七项修炼。

《中国名牌》

为农业品牌找到价值优势

做农业品牌首先要做战略规划和顶层设计，而且一定要从寻找战略之根开始。战略之根是生存和发展的根基，是安身立命的事业底盘。战略之根分两个层面，其一，明确品类边界；其二，明确市场层级。

地标产品基于品牌打造的市场层级选择，应该坚持"三高原则"——高品质、高价值、高价格。只有如此，地标产品的区域公用品牌，才能倒逼产业升级，才能拉动地标产品的市场竞争力，把品牌的所有能效都注入到高质量发展中。

打造区域公用品牌时，一定要把与地标产品相关的产区文化、生态价值与产业价值融入到品牌价值中去，只有把产区和产业价值融入到品牌中，才能够更好地吸引外部的资金、技术走进来，区外的观光游客玩起来，这样才能更好地促进三产融合，助力农文旅一体化。

守住地理边界，守住品质边界

中央农村工作会议提出，要深入推进农业供给侧结构性改革，推动品种培优、品质提升、品牌打造和标准化生产。农业品牌建设，品种第一、品质第二、品牌第三。当下，中国几乎每类农产品的市场都严重同质化，供大于求，只有高质量、有特色的产品才有可能受到市场青睐。

地标产品要做精、做优、做细，首先要守住地理的边界。必须要经地理标志审批、认定的产区内种植、养殖地标产品，只有这样才能保证产品的地道与纯正。在守住地理边界的同时，还要守住品质边界，要对地标产品从生产、加工、储运等各环节全链条实施标准化，为品质保驾护航，为区域公用品牌的打造与发展提供行稳致远的战略基石。

公用地理标志须有品牌专有标志

专有名称、专有字体、专有图形是构建一个品牌的基本前提，这三个要素共同组成了品牌标志。区域公用品牌创作并注册品牌标志，才真正拥有这个品牌的产权，地标产品价值才有了可依附的载体。

地标产品打造品牌标志是向品牌迈出的关键一步，方法就是塑造"品牌图腾"。品牌图腾来源于地标产品的品名、生态、文化、品类、物种、使用场景等方面，被人熟悉的公共资产是提升品牌视觉传达力的根本保障。

区域公用品牌的标志设计需要蕴含着产区的文化原力和视觉原型，一个地标产品只有通过构建自身的品牌专有标志，才能承载品牌价值。

以大会营销为抓手

政府主导的区域公用品牌传播，应当以大会营销为抓手，以其他媒体手段为辅助，做好区域公用品牌传播。政府在区域公用品牌的传播上，要紧抓政、商、研这一专业群体，这一群体"牵一发，动全身"，能起到"领导给政策，商家聚资源，专家给技术"的带动效果，并且影响政、商、研专业群体，大会营销是最精准、最有效的方式。

用大会营销推广区域公用品牌，要开好四种会，分别是区域公用品牌战略发布会、产业发展大会、专业展会和城市推介会。针对这四种会，要持续整合社会资源，强化产销对接，提振产业士气，推动产业升级。

打造驱动区域公用品牌的双轮

发展地标产品及产业，没有政府主导，产业像一盘散沙；没有企业主营，政府主导落不到实处。所以，要以"政府主导，企业主营，双轮驱动"为发展理念，共同开展农产品区域公用品牌建设。有了主体企业参与，品质标准才有了执行的领头羊，产业才有样板可循，区域公用品牌助推企业发展的能效才能最大化，区域公用品牌才会更好地参与到市场中去，才能更广泛地造福千家万户。

区域公用品牌必须坚持四项基本原则

地标产品只有强化管理体制，才能让地标产品成为地标品牌。在中国特色的体制下，区域公用品牌运营管理必须坚持四项基本原则。

原则一，列入"一把手"工程。组建品牌建设工作领导小组，"一把手"主导并深度参与，能保证高效决策，快速推进，动作到位。

原则二，必须有组织保障。区域公用品牌建设不仅是农业部门的事，更是区域社会经济发展的大事，需要各职能部门通力协作，保证高效运转。以农业农村厅/局为载体，市场（工商、质检）、商务、文旅、财政、发改、科技、宣传、公安等部门，打破部门界限，做好协同，成立联合工作组，加强执行力度。

原则三，用好"农业英特尔"模式。产品和包装是区域公用品牌必须用好的"自媒体"，也是"农业英特尔"战略最适合的两大载体。每一次产品露出都是一次区域公用品牌的广告，每一个可以露出品牌的地方都是广告位。这些不需要额外增加品牌投资，就能达到最直接的植入性广告效果。

原则四，加大战略性持续投入。区域公用品牌建设是一项功在当代、利在千秋的伟大事业，需要特事特办，高效决策，更需要持续的战略性投入。应站在对未来负责、对历史负责、对区域社会经济发展负责的高度，站在产业高质量发展和乡村振兴战略高度上，持续加大对区域公用品牌建设战略性投入力度。

坚持三个"一体化"，明确两个"核心"

发展地理标志，既要战略高度，更要市场深度。地标产品的品牌市场推广，既要做声势，还得做实事。"实事"分两个层面，其一，提高市场拓展的效率，降低拓展成本；其二，真正帮助生产者，实现产销高效对接。为了把地标产品品牌的市场拓展做到实处，需要坚持三个"一体化"，明确两个"核心"。

三个"一体化"，即"线上线下一体化、宣销一体化、农文旅一体化"。"线上线下一体化"是要把线上电商渠道和线下商超、批发市场等实体渠道有机整合起来，保持品牌形象、产品形象、销售价格一体化，让顾客形成对品牌及产品的一致性认识，高效完成渠道和终端的消费宣导。"宣销一体化"是以地标产品的官方微信和微商城为流量"蓄水池"，在所有的广告物料、网络推文、助销活动中，保证官微和微商城的信息露出，打造品牌社群，为品牌的长久发展蓄积人气。"农文旅一体化"是品牌的市场拓展要用足自身及周边城市的文旅资源，把品牌的拓展渗透到游客的吃、住、行、游、玩、乐场景和路径中去，把农业牌、文化牌、旅游牌，打成一张牌。

明确两个"核心"，核心一是市场拓展一定要明确品牌的核心平台电商，以平台电商为依托，实现网络宣销的良性可持续发展；核心二是市场拓展要有核心推广工具，把一个成本低、易复制、消费者易感知的助销活动，应用在所有的市场推广场景中，持之以恒，水滴石穿，做透市场。

（原文载于新华社《中国名牌》2023年第3期）

《农民日报》专稿——
娄向鹏：区域公用品牌须"实名制"

　　近年来，在农产品区域公用品牌建设的浪潮中，出现了大量"隐姓埋名"的品牌，他们不说产地，不说产品，起一个很文艺的名字。品牌不实名，是关系到本质和基本规律的大问题，直接影响品牌建设的成效。

　　无产地名称、无品类属性的农产品区域公用品牌，在媒体成本极高、信息碎片化的传播环境下，品牌创建成本至少增加十倍以上。

不实名，带来品牌价值的虚无。产地和品类是价值源泉、资本引力，更是资产沉淀。阳澄湖大闸蟹因阳澄湖而值钱，枸杞是宁夏的入药更道地。无产地、无品类的区域公用品牌，成了空中楼阁。

不实名，还会导致政府工作、企业经营和消费选择都失去抓手。

农产品讲究产地、基因和血统，独特的产地生态、自然禀赋和历史文化，是农产品区域公用品牌的"根与魂"。作为文明古国和农业资源大国，中国的每一个地域名（产地）都蕴含了巨大的自然生态、历史文化信息和能量，这是品牌建设最重要的价值源泉。

规范的农产品区域公用品牌命名由"产地名＋产品名"组成，产自哪里、卖的是什么，清清楚楚，明明白白。品牌名称与产品终身相伴，是最重要的区域公用品牌要素之一。这是农产品区域公用品牌建设的基本逻辑。农产品区域公用品牌建设必须"实名制"，要用"真名、实名、地名"，杜绝"艺名、假名、虚名"。

（原文载于2020年07月29日农民日报第5版，系娄向鹏在农业农村部
"中国农业品牌政策研讨会"上的主题发言概要）

新华社专稿——
"三极联动"共建农产品区域公用品牌

在农产品区域公用品牌建设的时代大潮中，省市县政府如何定位与分工，才能不发生错位和抢功？如何站在全局高度系统规划，推动并引领农业品牌建设高质量发展？这一直是全行业的一大困惑。

福来咨询与中国人民大学品牌农业课题组提出农产品区域公用品牌建设的"三极联动"之道：以省级农业品牌赋能工程为面、省级大单品优势工程为线、县市农产品品牌主体工程为点，点线面结合，做好三大工程，实现"三极联动"。

"一极"：省级农业品牌赋能工程，服务地方，倒逼地方

在推动全省公用品牌建设和农业高质量发展的战略任务中，省级政府是关键引领力和推动力，通过省级农产品服务平台工程，搭平台、做支撑，进行价值赋能、政策赋能和服务赋能。发挥两大职能：一个是服务地方，一个是倒逼地方。

具体而言，省级政府的核心工作是搭建四大平台。

价值平台。根据省域的人文历史、地理位置、地貌特点、农业禀赋，提炼出一个省的整体农业特色价值，并创作传播口号、设计传播标志和形象，形成一种"类文旅"（如"七彩云南""好客山东""神奇宁夏"）的省级农产品价值平台，从而为省域内的特色优势农业产业、一地一特农产品进行价值赋能。

价值平台有两点需要强调：一是其名称必须实名制，一定要体现省份名，不要搞艺术化；二是要明确传递省域农业的特色和价值。像广西提出了"壮美广西，生态农业"，强化"壮美""生态"的价值；海南提出了"海南农品，四季领鲜"，占领"四季新鲜"的价值。

宣销平台。建立统一的宣传和销售平台。酒香也怕巷子深，一方面要加大宣传力度，通过权威主流媒体发出强音，全方位传播省域农产品（农业）价值，如广西、湖北、江西、河北等地在CCTV的宣传。需要特别指出的是，类似的广告宣传一定要把省内特色产业带出来，而不是单纯的形象广告。广西的做法值得借鉴，在传播"壮美广西，生态农业"整体价值的同时，把横州茉莉花、容县沙田柚、柳州螺蛳粉等代表性区域公用品牌也融进去、带出来。

另一方面通过政府权威和资源，对接阿里巴巴、京东、拼多多、今日头条、一亩田、新发地等，搭建统一的市场销售平台，为全省农产品销售铺设高速通路；也可以自建平台，如宁夏的"乡味宁夏"、云南的"云品荟"等。同时，以整体形象主办或参与各种展销对接活动，资源更集约，效果更明显。

政策平台。农产品品牌建设是乡村振兴、脱贫攻坚、农业供给侧改革的战略抓手，需要省级政府通盘考虑、统筹谋划、引导引领，做好政策层面的顶层设计，包括发展理念、发展目标、产业政策、金融政策、市场主体培育、品牌建设、部门协作、组织考核等。

云南省打造世界一流"绿色食品牌"的发展实践，走了全国前列。按照"大产业＋新主体＋新平台"发展模式，聚焦茶叶、花卉、水果、咖啡等8个优势产业，全面落实"抓有机、创名牌、育龙头、占市场、建平台、解难题"6个方面举措，在全省择优创建20个"一县一业"示范县，做大做强做优主导产业，构建完善的产业体系、生产体系和经营体系，把经营主体引入"一县一业"发展大格局，通过"服务地方，倒逼地方"，两年时间内取得显著成效。

管服平台。发挥省级政府的权威性和公信力，整合国内外各种优势资源，做企业和县市政府想做但做不了的事，搭建全省农业高质量发展的管理和服务平台，包括科研支撑平台、交易物流平台、认证服务平台、质量追溯平台、新媒体电商人才培育孵化平台等。如山东省人民政府与农业农村部在寿光联合建立的全国蔬菜质量标准中心，对于占领全国蔬菜质量标准制高点，促进山东蔬菜产业提质增效，引领中国蔬菜产业质量标准升级意义重大。

"二极"：省级大单品优势工程，聚焦一产业，影响全行业

站在全国甚至全球的角度，从外向内看一个省的特色农业产业资源，找出全国乃至世界第一、唯一或领先的优势特色产业（品类），打造超级大单品品牌，形成特色优势产业连片聚集效应，带动省市的品牌农业经济发展。

吉林大米经过数年的品牌打造，实现了从"好米"到"名米"的华丽转身，在概念宽泛的东北大米中树立起吉林大米的品牌地位，成为吉林省农业的白金名片，更成为省域农产品超级大单品品牌建设的新亮点，带动全省多个县市大米产业的高质量发展。

打造省级大单品优势品牌，有三大益处：第一，资源更聚焦，每个省农产品品类众多，必须聚焦资源突出重点，影响力和带动力更强；第二，更易抢占消费者心智，突出一两个超级大单品，消费者印象更加深刻，也更易成就第一或唯一；第三，制造榜样效应，打造一两个头部产业，以点带面，更有示范效果，能更好地带动和实现特色优势产业高质量发展。

需要强调的是，省级政府的工作重点是集中精力做好省级农业品牌赋能工程，省级大单品优势工程建设必须满足三个基本条件：突出的产业特色、足够的产业体量、产业标准化可控。如果条件不具备，千万不要凑热闹赶时髦，宁缺毋滥，譬如湖南茶油就是省级大单品的典型代表，但湖南红茶公用品牌的打造，实属勉强，倒不如打造湖南黑茶更有价值。

"三极"：县市农产品品牌主体工程，是着力点，是主战场

县市尤其是县域，是农产品区域公用品牌建设的主力军和主战场，县市农产品品牌主体工程就是要以农产品区域公用品牌建设为战略抓手，全面推动县市的乡村振兴、产业兴旺和高质量发展，同时也是对省级农业品牌赋能工程和省级大单品优势工程的强力支撑。

县市农产品品牌主体工程不搞大而全的多品类品牌，这是关键！一定要先聚集人财物打造一个主导产业，如盱眙龙虾、洛川苹果、容县沙田柚、五常大米、伊川小米等。

广西横州拥有茉莉花、甜玉米、双孢蘑菇、蔗糖、桑蚕等多个全国性优势产业，但在区域公用品牌建设上，第一步只聚焦在横州茉莉花上，集全市之力把横州建设成为"世界茉莉花产业中心"，推动茉莉花产业向更高质量发展。2019年，横州的茉莉花（茶）年综合总产值达到105亿元，成为名副其实的区域经济发展引擎。在此基础之上，政府开始谋划横州甜玉米的公用品牌建设。

大道甚夷，而民好径。一个县市将多个产业装入一个区域公用品牌，或者同时推进多个产业的区域公用品牌建设，都是想走捷径而不成的错误做法！

对于县市农产品品牌主体工程的实施，"统一领导，统筹规划"至关重要。要由省级政府统筹，根据省市的整体规划来选择和实施，避免各自为政，分散资源。尤其是区域公用品牌建设的资金使用，要做到专款专用，明确产业基础投入和品牌创建的软硬投入比例，避免地方政府不会花、不敢花、胡乱花。为避免效果打折扣，县市农产品品牌建设，必须作为"一把手"工程，列入县市党政"一把手"的考核体系。

广西壮族自治区近几年非常重视农产品区域公用品牌建设，积极开展国家和自治区级现代农业产业园、特色农产品优势区、农业品牌目录制度创建，出台了一系列支持政策，把公用品牌建设纳入地方考核硬指标，建

设了一批布局合理、技术先进、管理规范、效益明显、带动力强的产业园特优区，农产品区域公用品牌建设成效卓著。

需要注意的是，无论是省级大单品优势工程，还是县市品牌主体工程，都需要重点培育1～3家有竞争力的联合体企业，作为区域公用品牌的载体，通过打造用户品牌，推出明星产品，开拓全国市场，参与市场竞争，真正实现企业发展带动产业发展。只有龙头企业强大了，才能把分散的农民组织带动起来，真正实现产业增值、企业增效、农民增收，如涪陵榨菜集团、松粮集团、盱眙龙虾产业集团等。福来咨询称之为"政府主导，企业主营"的双轮驱动模式。

总之，以省级品牌赋能工程，统筹全局，纲举目张；以省级大单品为特色优势产业名片，树影响，做带动；以县市农产品品牌为抓手，做强一点，带动一片。点线面结合，"三极联动"，各司其职，互为支撑，形成上下合力的高效联动效应，这是符合我国国情的农产品公用品牌建设之道。

（原文载于2020年4月13日新华社《中国名牌》）

《品牌农业与市场》报道——
市场是检验农产品区域公用品牌的唯一标准

来自市场一线的反馈

当前，作为乡村振兴、产业兴旺和区域社会经济高质量发展的战略抓手，农产品区域公用品牌建设在全国蓬勃发展，取得了一些成绩，但依然存在亟待解决的"四大困局"：搭车蹭光，透支、抢吃"大锅饭"；品牌"成功"了，可是消费者选择谁的问题没有解决；品牌热闹一时，大起大落，没有持续性；品牌有名无实，体质不佳。

　　破解以上"四大困局"必须找到正确的路径和方法，福来战略品牌咨询机构结合农业品牌咨询经验，提出"双轮驱动"的发展模式，即创建农业品牌必须由"政府主导"和"企业主营"两个轮子相互协力、共同驱动。没有政府主导，产业像一盘散沙；没有企业主营，政府主导落不到实处。政府和企业两个轮子各司其职，相互协力、共同驱动，缺一不可。

　　福来咨询之所以坚定推行双轮驱动模式，源于其深厚的市场基因。福来咨询是在市场中摸爬滚打成长起来的，20年服务了一大批立得住、打得赢的农业品牌。

　　例如宁夏枸杞、河北梨、盱眙龙虾、寿光蔬菜、横州茉莉花、容县沙田柚、兴安盟大米、乌兰察布马铃薯、晋宁玫瑰、伊川小米、玉树牦牛、三江早春茶等农产品区域公用品牌，也有仲景香菇酱、湘村黑猪、南方黑芝麻、兰格格乳业、史丹利、西域果园等企业品牌。所以，福来咨询更注重市场效应和实际效果，而不是单纯的创意、设计和广告，更不是自娱自乐式的规划。

　　21年来，福来咨询的业务足迹遍布全国，走遍了中国各个省份和全球主要农业发达国家和地区，下沉到乡村级的各类市场，在几乎所有农产品品类里播下了品牌之种。福来打通理论和实践，将市场作为检验农产品区域公用品牌建设成效的唯一标准，为政府和企业创造实实在在的价值。

横州茉莉花：从中国茉莉之乡到世界茉莉花都

　　全球10朵茉莉花，6朵来自广西横州。横州位于广西南部，种植茉莉花已有六七百年的历史，横州茉莉花（茶）产量占全国总产量的80%，占世界总产量的60%。然而茉莉花给花茶做幕后配角，产区没有品牌化，导致横州茉莉花品牌认知度较低。

　　2018年，广西横州牵手福来咨询，福来为横州茉莉花确立"世界茉莉花产业中心"的战略之根和"产业老大"的品牌灵魂，抢占世界级文化资产《茉莉花》歌曲，创意"好一朵横州茉莉花"的世界级品牌口令，市场传播价值亿元，由此区域公用品牌横州茉莉花开始一路绽放。横州成功申办世界茉莉花都，并创办世界茉莉花大会，截至2021年已连续举办三届。

横州茉莉花高调亮相第三届中国国际茶叶博览会，并成为最大的赢家，横州茉莉花品牌战略发布暨招商引资推介会招商引资金额达6.075亿元，茉莉花加工企业产销对接签约合同金额达3.29亿元，共计9.365亿元。在第十七届全国农交会上，横州茉莉花项目签约金额4552.78万元，获得国内市场产销对接与出口拓展双丰收。在第四届中国国际茶叶博览会上，横州茉莉花签约总额超17亿元，实现新突破。

2021年横州茉莉花（茶）综合品牌价值215.3亿元，蝉联广西最具价值农产品品牌。更重要的是，横州茉莉花收购价从2018年的18～20元/千克提高到2022年的30～38元/千克。2021年全县茉莉花(茶)产业综合年产值达143.8亿元，真正实现了从品牌强盛到产业富民。

福来咨询全案策划服务得到了横州市委书记黄海韬的高度肯定：

"横州是中国茉莉之乡，'全球10朵茉莉花，6朵来自广西横州'。但如何从量的绝对优势到质的蜕变？娄向鹏老师设计的横州茉莉花品牌战略提出了颇具建设性的方案，找到了茉莉花全产业链新路径，推动了茉莉花'标准化、品牌化、国际化'进程。"

兴安盟大米：东北上游，净产好米

兴安盟是内蒙古自治区优质稻米之乡，由于没有品牌化，兴安盟60%的优质稻谷被东北知名大米产区和加工企业低价收走，农户眼睁睁地看着别人赚钱。

东北大米无论从产业、品牌知名度还是消费者认可方面都非常强。要想快速提升兴安盟大米的知名度，站在东北大米肩膀上是一条心智捷径。

在地理区位上，兴安盟在东北的西北方，是绝对的东北上游，在自然资源和生态上有更好、更纯净的生态环境。因此，福来为兴安盟大米制定"东北上游米"的战略之根，塑造"三净"品牌灵魂，创意"东北上游，净产好米"的品牌口令。简单八个字，将兴安盟大米的生态基因和消费价值讲清说透，一下子突破了兴安盟多年来的产业困境。

"东北上游，净产好米"方案得到社会各界人士和市场的一致好评。兴安盟农牧局反馈："福来方案与兴安盟大米品牌战略方向吻合，思路想法契合。路径规划三步走，符合兴安盟实际，根与魂挖掘得精准到位，品牌形象耳目一新。'东北上游，净产好米'越品越有味，越想越对劲。新方案执行4个月，效果已经明显显现，大米价格一路走高。"据了解，兴安盟大米已经连续两年量价齐升30%以上。

三江早春茶：敢为天下先

中国作为茶叶的发源地，茶叶品类五花八门，茶叶产区天南海北，十大名茶牢牢占据着大众心智，犹如十座大山横在了所有新兴茶叶产区的发展道路上，难以逾越。广西三江侗族自治县作为新兴茶叶产区，正面临着这个问题。

福来咨询受三江县委县政府所托，对三江茶进行顶层品牌设计。三江茶应根植于——以早春绿茶为核心，以侗茶为特色，以其他茶为补充，打造中国茶叶新锐产区。三江早春茶领先全国20天采摘、上市，被茶叶泰斗陈宗懋院士誉为"中国早春第一茶"！福来把价值放在品名里，成就三江早春绿茶全新名称——三江早春茶，将"早"确立为三江早春茶的品牌灵魂，并创作了品牌口令：三江早春茶，敢为天下先！

方案得到了三江侗族自治县农业农村局和市场的肯定："福来为三江茶叶指明发展方向，这对三江茶叶来说至关重要！对三江早春茶的价值抓得很准……品牌策划落地后，2022年三江早春茶茶青上市高达120元/斤（往年70～80元/斤），带动农民受益，效果明显！"

宁夏枸杞：贵在道地

枸杞老大宁夏枸杞，区域品牌之路走得并不平坦，福来为宁夏枸杞确立战略之根——以药用枸杞为核心的枸杞大健康产业集群，重新找回宁夏枸杞的品牌竞争原力，以品牌灵魂"道地"行天下，让宁夏枸杞从"老大"走向真正的"伟大"。

宁夏枸杞产业发展中心对福来咨询品牌策划方案作出高度评价："战略之根内核明确、边界清晰，'宁夏枸杞，贵在道地'价值提炼精准，鲜明地传达出宁夏枸杞'道地'的品牌核心竞争力。"

"为品牌创作'宁夏杞宝'吉祥物，活泼可爱，内涵深厚，得到了产业各界的肯定。"

"品牌策划案实施后，成效明显，进一步夯实了宁夏枸杞的产业地位和市场竞争力。"第五届枸杞产业博览会签约项目54个，金额达98.03亿元。

寿光蔬菜：健康中国"菜篮子"

寿光常年蔬菜种植面积60万亩，年产量450万吨，蔬菜产值110亿元。作为中国冬暖式大棚开创者、中国蔬菜产业的引领者，寿光蔬菜推动了中国蔬菜产业"从无到有、从有到多"的现代化发展。

新时代，寿光蔬菜面临"从多到优"高质量发展的重大课题。福来咨询为寿光蔬菜产业提供战略品牌顶层设计，升级寿光模式，重塑品牌价值。

寿光蔬菜的战略之根就是"高品质、特色化设施蔬菜"，目前寿光蔬菜已围绕"高品质、特色化"搭建了6个平台，从科技、标准、监管、人才、销售、金融6个方面，构建寿光蔬菜高质量发展的智慧农业体系。福来咨询为新时代寿光蔬菜塑造的品牌灵魂是"绿色科技"，用"绿色科技"守护和引领中国蔬菜产业。

30多年来，越来越多的寿光蔬菜出现在全国各地的餐桌上，寿光成了全国的"菜篮子"。寿光蔬菜的品牌口令"健康中国菜篮子"与国家提出的健康中国、全民健康的理念高度匹配，最大化地抢占两大公共资产，充分体现了寿光蔬菜的地位、责任与担当。

由福来策划的寿光蔬菜区域公用品牌在第22届中国（寿光）国际蔬菜科技博览会上正式发布。品牌策划方案实施后，品牌带动效果明显，助推寿光引领第三次蔬菜产业革命。

荔浦砂糖桔：过年甜蜜蜜

荔浦市沙糖橘种植面积30.2万亩，年产70余万吨，是全国沙糖橘种植面积最大、产量最大的地区，素有"中国沙糖橘看荔浦"的美称。近年来沙糖橘市场竞争进入"深水区"，荔浦砂糖桔面临发展拐点，荔浦市委市政府对此高度重视，邀请福来咨询为荔浦砂糖桔产业进行顶层设计。

荔浦砂糖桔，每年春节前后40天上市，是当之无愧的"贺岁桔"。福来为荔浦砂糖桔挖掘出"晚熟高品质沙糖橘"的战略之根，确立"最有年味的水果"的品牌灵魂，品牌口令"荔浦砂糖桔，过年甜蜜蜜"抢占"过年"和"甜蜜蜜"两大心智公共资产，令人过目不忘。品牌图腾"荔荔"融合舞狮大IP，深受各界喜爱。

2022年1月，荔浦砂糖桔品牌战略发布会召开，其间购销沙糖橘10万多吨，合同金额超5亿元。同年，荔浦砂糖桔搭乘中国高铁，开启品牌传播新征程。

荔浦市农业农村局带来好消息："品牌策划案实施后，品牌带动效果明显，提升了荔浦砂糖桔的市场竞争力和影响力。"

玉树牦牛：吃出洪荒之力

玉树牦牛，事关一个民族的持续稳定发展，事关一个产业转型升级，事关青藏高原生态保护。玉树藏族自治州作为青海省唯一的中国特色农产品优势区，坐拥草场3亿亩，牦牛存栏量位居全省第一。可以说，玉树州最大的潜力在牦牛、最大的优势在牦牛、最大的价值在牦牛。2020年，在北京援青10周年之际，玉树人民政府携手福来咨询，开启玉树牦牛区域公用品牌打造工作。

福来咨询为玉树牦牛制定的战略之根是"以野血牦牛为内核的高端标准牦牛肉品",结合牦牛肉"高蛋白质、高氨基酸、高微量元素、高不饱和脂肪酸"的四高品质,提炼品牌灵魂"高原正能量"。品牌口令"玉树牦牛肉,吃出洪荒之力"借助国民级的世界超级公共资产"洪荒之力",一句抵一万句。品牌图腾以汉字"玉树"为出发点,融合称多岩画肌理,巧妙体现牦牛悠久的历史地域文化特性。另外,结合中国田径精神,创意设计品牌吉祥物"小玉神",广受各界喜爱。

2022年2月23日,"玉树牦牛进北京"恳谈会暨玉树牦牛美食品鉴会在北京举行。同年7月20日,首届中国(玉树)牦牛产业大会拉开帷幕,中国肉类协会为青海玉树颁授"中国牦牛之都"称号。2023年4月12日,"玉树牦牛产业"荣获首届乡村振兴品牌节产业振兴典型案例。

品牌驱动产业,市场反哺生态。用品牌战略推动构建生态优先的"玉树模式",玉树牦牛的高质量发展之路全面启航。

伊川小米:厨圣点赞的千年名粟

作为中国特色物种,小米滋养华夏文明几千年。伊川县是河南省谷物种植的优势区域。在世界上最古老的烹饪著作《吕氏春秋·本味》里,厨圣伊尹对小米作出了八字评价:"饭之美者,玄山之禾"。"玄山之禾"指的正是伊川地区所种植的小米。

河南伊川小米好看、好吃、好煮,却因为没有品牌,常常被当成山西小米卖。2019年福来与伊川县达成战略合作,福来进行顶层设计,用文化价值为区域公用品牌赋能。以"高品质富硒小米"为战略之根,"厨圣伊尹点赞的小米"为品牌灵魂,品牌口令"厨圣点赞的千年名粟"准确直接地传达了伊川小米的品牌价值。

2020年8月品牌发布会后,春谷收购价由每斤2.2元涨到2.7元,2021年涨到3.2元。两年时间,伊川小米每斤涨了1元钱,每年带动农民增收达8000多万元。以品牌为引领,擦亮了伊川小米的金字招牌,推动产业高质量发展。

　　今年是福来咨询专注农业品牌的第二十年，福来始终重视市场，注重实效。因为福来咨询坚信，市场是检验农产品区域公用品牌建设成效的唯一标准，是品牌的最终战场。

　　一切没有消费者买单的品牌建设都是自娱自乐，只有实现与消费者的链接，最终从农民到市民、从地头到餐桌、从产品到品牌，才算实现"惊险一跃"。

（原文载于2022年7月11日《品牌农业与市场》，有修改）

福来咨询：
为中国农业品牌建设开创路径和方法

文／潦寒（学者、作家、大学教师）

代表作：《总裁思想》《文化营销》《故乡在纸上》

中国农业经历了三次重大变革，从公元前7000年的猎狩到种养，从中国物种中国特色到丝绸之路、航海大发现引发的世界农业大融合，从传统农耕到农业机械化。今天，中国农业正迈入融合化、数字化、资本化和品牌化驱动的第四次历史性变革。其中，品牌成了农业第四次变革的重要特征，并成为产业兴旺、乡村振兴和高质量发展的战略抓手。

在农业品牌建设的大潮中，有一家机构专注农业品牌研究与咨询已20年，为宁夏枸杞、寿光蔬菜、盱眙龙虾、横州茉莉花、荔浦砂糖桔、兴安盟大米、玉树牦牛、临颍辣椒、仲景香菇酱、南方黑芝麻集团、兰格格乳业、史丹利、云天化、新疆果业集团等众多品牌成功提供战略咨询，在实践和理论两方面取得了一系列成果，为新时代中国农业品牌建设找寻道路和方法，在业内享有较高的声誉和威望，被誉为"中国品牌农业首席顾问"，这就是福来战略品牌咨询机构。

让我们一起走进福来咨询，看看其非凡成就背后的"五大秘笈"。

秘笈一：打通政府逻辑与企业逻辑的屏障

"政府主导，企业主营"，双轮驱动，是农业品牌建设的中国道路。

福来咨询在实践和研究中发现，在中国要想在农业上做成事、做大事，光靠政府或光靠企业都不行，必须"政府主导，企业主营"，双轮驱动。这个发现，意义重大！

中国是大国小农，农业基本面依然是一家一户高度分散的小农经济，能力和资源有限，组织化程度低，质量不稳定，这样做出的产品很难打造成品牌。怎么办？政府主导！

政府有政策、有能力、有手段调动各种资源、资金，统筹协调，也有权威性、公信力和凝聚力。政府要选择主导产业，做好顶层设计，夯实产业基础，搭建服务平台，打造农产品区域公用品牌，培育扶持新型经营主体。总之，要做企业和农户想做而做不了、做不好的事情。

同时，政府再强大也代替不了企业，没有企业主营不行。企业是市场主角，把分散的农民组织带动起来，做区域公用品牌和产业高质量发展的主体和载体，推产品、拓市场，把产业规划和品牌建设落地。

没有政府主导，产业就像一盘散沙；没有企业主营，政府主导落不到实处。政府和企业各司其职，互为依托，缺一不可。

盱眙龙虾，一路开创中国小龙虾品牌，引领中国小龙虾美食，有赖于历届盱眙县委、县政府的高瞻远瞩、强力推动和不懈坚持，并大力培育红胖胖、於氏虾神、盱小龙等市场经营主体，在养殖、调料、餐饮、节庆、推广等诸多方面，政府和企业紧密协作共同撑起了盱眙龙虾市场的蓝天。

福来咨询之所以坚定推行双轮驱动模式，源于其深厚的市场基因。福来咨询是在市场中摸爬滚打成长起来的，20年来服务了大量企业客户，创建了一大批立得住、打得赢的企业品牌和产品品牌。所以，福来咨询更注重市场效应和实际效果，而不是单纯的创意、设计和广告，更不是自娱自乐式的产业规划。

同时，福来咨询深入研究国家大政方针，把握社会经济大势，探寻产业和区域经济发展规律，为政府做产业顶层设计，先后与江苏、广西、河南、山东、云南、内蒙古、宁夏、青海等多个地方政府进行了良好合作，打造了诸多有影响力的区域公用品牌。

近年来，福来咨询不断为双轮驱动理念鼓与呼，推动区域政府和龙头企业优势互补、协同发展。

福来咨询为宁夏枸杞规划的"以药用枸杞为核心的枸杞大健康产业集群"的战略之根，"贵在道地"的品牌灵魂，以及绝妙的品牌LOGO、传神的品牌图腾"杞宝"、激光穿透式的品牌传播，为宁夏枸杞的战略定向、产业价值提升和高质量发展注入了新能量。同时，福来咨询还为宁夏枸杞的领军企业百瑞源提供战略品牌咨询，并协助推出了锁鲜枸杞、枸杞茶等创新产品。

在云南，福来咨询受邀为"云南绿色食品牌"进行整体的品牌策划，并为云南花卉的首席代表"晋宁玫瑰"打造区域公用品牌。同时，为云南省国资领军企业、中国化肥行业龙头云天化集团做现代农业（香米、花卉、蔬菜）板块战略品牌顶层设计，协助和推动云天化集团做云南高原特色农业的整合者、示范者与引领者。

在乌兰察布，福来咨询在服务兰格格乳业的同时，推动企业与政府双轮驱动，共同创办"中国草原酸奶大会"（截至2022年已召开四届），联合打造"中国草原酸奶之都"，为乌兰察布市特色乳业高质量发展和乡村振兴找到战略抓手和动力引擎。

有政府领导说，福来咨询不仅更懂市场，甚至比我们政府更懂政府。乌兰察布市、大同市、银川市等先后聘请福来咨询董事长娄向鹏为城市产业发展顾问。

用外部视角和消费思维，打通政府、产业、企业与市场的屏障，实现政府逻辑与市场逻辑的高效对接，这是农业品牌建设的必由之路。

秘笈二：突破实践与理论的藩篱

中国农业的现代化、品牌化，是千年一遇的新生事物，没有先例，更没有现成经验可以借鉴。福来作为品牌农业咨询的开拓者，遇山修路，遇水搭桥，从根本上打通了理论与实践的藩篱。

早在创业之初，福来咨询就聚焦大农业大食品大健康，服务了大量农业产业化龙头企业，涉及马铃薯、粉条、方便面、葡萄酒等产业。2008年，"三聚氰胺"事件轰动全国，福来咨询率先敏锐洞察并提出"厨房餐桌食品品牌革命到来"的论断，并通过写文章、办杂志（刊名《影响》，当时在行业颇有影响力）、做演讲、带项目等方式，为中国农业的产业化与品牌化，为中国的食品安全鼓与呼。

2009年，受杂交水稻的启发，娄向鹏专程赴国家杂交水稻工程技术中心，拜访"杂交水稻之父"袁隆平院士，提出用"跳出农业看农业、跳出产品看产品"的杂交创新思维，借鉴其他行业的先进市场理念和方法，推动和打造现代农业品牌的构想，得到袁老的肯定和支持，并欣然题词："杂交营销"。

2013年，福来咨询出版中国第一本从企业、市场和消费角度研究农产品品牌打造方法的专著——《品牌农业：从田间到餐桌的食品品牌革命》，第一次系统论述、定义并传播了"品牌农业"的概念和观念，引起行业广泛关注和共鸣，从此"品牌农业"成为福来咨询标志性符号，连百度百科中的"品牌农业"也是用的这本书的成果。

十年来，福来咨询以亲身参与的上百例区域公用品牌和企业（产品）品牌建设实践为依托，共出版了《品牌农业》五部曲，是国内第一套从产业、市场、产品和消费角度研究现代农业品牌打造思想、路径、方法和案例的专著，被誉为"政府领导和企业家必读的书"。这也奠定了福来咨询在中国品牌农业领域的领航地位，福来咨询创始人娄向鹏也被誉为"中国品牌农业第一人"。

新时代农产品品牌建设的王道，就是做有根有魂的事。这是福来咨询特有的方法论。

为什么许多地方的特色产业发展不起来？一个很重的原因是产业没有战略或战略无根。福来咨询认为，战略必须要有根，根深则叶茂，没有根的产业，做不强、做不大。战略之根，是品牌生存和发展的根基，是安身立命的事业底盘。

兴安盟是内蒙古的优质稻米产区，但在消费者的心智中，没有内蒙古大米的认知。怎么办？福来咨询给出了绝妙答案：东北上游，净产好米！东北是优质大米的心智高地，"东北上游"是兴安盟与生俱来的"生态高位"，站在东北大米的"肩膀"之上才是兴安盟大米最好的战略表达。从此，兴安盟大米找到了战略之根，找到了发展动能，连续实现30%以上的量价齐涨，成为中国大米品牌建设新标杆。

不少人的品牌观念还停留在种养思维、产品思维和广告思维上，品牌没有和消费者关联，没有形成差异价值，这是典型的品牌"缺魂"，导致广告打水漂，人财物浪费。

福来咨询认为，每一个品牌都要有灵魂！魂立则心动。没有灵魂的品牌，如行尸走肉，难以存活于心。品牌灵魂基于消费集体意识洞察，是直击消费者的强大心智共鸣和消费动因，是决定品牌现实与未来的竞争原力。

红在桂林山水间，甜在春节团圆时。福来咨询基于荔浦砂糖桔的产业特征和上市时间，为其注入"最有年味的水果"这一品牌灵魂，并嫁接和抢占全球最大的节庆文化、"流量池"和消费场景——春节，创作了"荔浦砂糖桔，过年甜蜜蜜！"的超级品牌口令和桔狮子的超级品牌图腾，快速建立品牌势能，激活产业潜能，实现从生态优势、产品优势向品牌胜势和市场胜势跨越。

在此基础上，福来咨询还提出了"政府企业双轮驱动""省市县三极联动""消费集体意识""心智公共资产""品牌图腾""激光传播"等原创中国农业战略思想和方法论。

2014年，福来咨询创办了中国品牌农业高端思想传播平台"神农岛"，成为全国数万主管领导和农业企业家的决策内参。

2015年，在著名"三农"问题专家、中国人民大学资深教授、中国合作社研究院院长孔祥智的支持下，福来咨询成立中国人民大学品牌农业课题组，娄向鹏任组长、首席专家，构建中国特色品牌农业建设高端智库，服务全国品牌农业实践。

民族要复兴，乡村必振兴。乡村振兴成为新时代的重大国家战略。但乡村振兴之路到底怎么走？福来咨询以20年的农业领域研究与实践，提炼出乡村振兴的根本路径与核心方法。据悉，《乡村振兴　品牌引领》一书将于明年上半年出版，该书也是福来咨询系列专著的第六部，构成"品牌农业"完整的理论体系和实践指南。

娄向鹏说，他最大的私心是期望这套书能成为中国农业品牌建设的教科书，让世界第一农业大国，找到新时代品牌强盛的路径与方法。

在实践上，福来咨询有深厚的资源禀赋，其核心成员大多出身农村，这种天然自带的农业基因帮了大忙，使他们可以从根本上快速理解客户、洞悉产业、吃透项目。同时，他们在食品饮料、医药保健品、家电、传媒、营销策划、创意设计、战略咨询领域的工作经验和综合实践，以及对中国特色市场和企业的深入了解，让他们具备充分的"市场基因"，更注重实效，更擅长实战，融会贯通，练就一双"火眼金睛"，抓住本质，高效解决问题。

20年来，福来咨询的业务足迹遍布全国，走遍了中国各个省份和全球主要的农业发达国家和地区，下沉到乡村级的各类市场，在几乎所有农产品品类里播下了品牌之种，不断探索和检验，将理论和实践打通，为政府和企业创造实实在在的价值。

除了地方政府和农业龙头企业，联想控股、万达集团、碧桂园集团、中信农业基金、今日资本等产业资本和金融资本进军现代农业板块，也纷纷慕名找到福来咨询，寻求专业支持和战略沟通。当然，福来咨询也并非"来者不拒"，据悉，福来咨询曾劝退了万达集团在贵州的茶叶项目（并因此和万达农业团队成了好友）。

2020年7月，农业农村部首次成立中国农业品牌专家工作委员会，娄向鹏作为实践与理论紧密结合的典型代表，被聘为专家委员，也是唯一一来自市场一线的专家委员。

秘笈三：实现中国实践与世界经验的融合

中国地大物博，文脉深厚，是世界农业文明的重要发源地之一。但我国至今还不是农业强国，国际竞争力不强，与农业强国相比，还有较大差距。在国际市场上，中国仍然没有出现世界级的国家农业品牌名片。

怎么办？福来咨询认为，中国农业的现代化与品牌化，不仅要扎根中国实践，也要眼睛向外，借鉴世界先进经验，师夷长技以成己。这是一个重要而迫切的命题。

于是，从2014年开始，以福来咨询董事长娄向鹏、总经理郝北海为首的福来人，开启了一场"农业西游记"，历时6年，往返15万公里，走遍美国、荷兰、以色列、日本、新西兰、法国、德国、瑞士、泰国9个国家，深入政府、企业、科研院校、农场和市场终端，探寻世界农业现代化品牌化的底层逻辑、发展路径和科学方法，前后历时8年，最终完成《品牌农业5：一本书带你看透全球标杆农业》（以下简称《品牌农业5》），再次填补了行业空白。

2022年9月16日，全球视野下的农业品牌建设高端研讨会暨《品牌农业5》新书发布会在中国农业电影电视中心（CCTV农业农村频道）举行，娄向鹏分别从观念、规则、分工、科技、企业、品牌、文化、融合与可持续9个方面，用独特视角和市场思维，首次发布全球农业现代化与品牌化的"九条真经"，吸引200万人次的网络围观。

纵观全球后福来咨询深刻认识到，中国农业最突出的问题是，千家万户的小生产与千变万化的大市场之间的矛盾。中国农业必须要用品牌做为战略抓手，用联合体企业落地。

新西兰佳沛奇异果是全球最成功的水果品牌之一，其核心模式便是2700多户果农联合起来组建了统一的经营大平台——新西兰佳沛奇异果国际行销公司，形成从品种培育、品牌打造、标准制定、生产、储运到市场开发、宣传推广的一体化运营模式。

1893年，反复上演"果贱伤农"和窝里斗的故事的美国加州果农走上联合道路，自发组织成立世界上最大的新奇士水果合作社，联手打造了享誉全球的"新奇士"水果品牌。

事实上，世界四大粮商ABCD（美国ADM，美国邦吉，美国嘉吉，法国路易达孚），正官庄高丽参、立顿、泰国正大集团、雀巢集团等世界标杆，通过资本、品牌和市场，与上下游建立了密不可分的产业联盟与协作，亦成为大型联合体。

从本质上说，中粮、蒙牛、伊利、北大荒、首农、海天、涪陵榨菜等企业，也是联合体企业。这是中国实践的例证。

所以，福来咨询在不断推动政府培养"联合体意识"的同时，也在全力协助打造联合体企业（品牌）。

仲景食品，基于八百里伏牛山生态优势和西峡香菇的品质优势，通过理念突破和技术创新，率先开发出香菇酱，福来咨询协助仲景食品，创意出"采蘑菇的小姑娘"超级大图腾，开创"营养佐餐"新品类，十年磨一酱，成功打造仲景香菇酱战略大单品，成就"中国香菇深加工第一股"，并带动西峡香菇产业的品牌化、价值化发展，使西峡成为"中国香菇第一县"。

全球视野，中国实践。正是基于这样的认知和思考，福来咨询为横州茉莉花确立了"世界茉莉花产业中心"的战略目标，创办世界茉莉花大会，成功申请"世界茉莉花都"，通过标准化、品牌化和国际化，实现横州茉莉花的产业升级和高质量发展。未来一步步将横州茉莉花打造成为与荷兰郁金香、保加利亚玫瑰和法国薰衣草齐名的世界"四大花旦"。

福来咨询的国际国内融合优势，还吸引了世界500强德国拜耳集团旗下拜耳作物科学（中国）公司的目光，把旗下一款明星产品"保试达"除草剂的品牌策划工作交给福来，这是他们第一次聘请本土品牌咨询公司。福来咨询不辱使命，为"保试达"塑造的"除草长久"的品牌灵魂、"除草长久，饿死牛"的品牌口令、大牛头的品牌图腾，以及渠道和终端战略性下沉的市场策略，赢得了客户的充分认可。

秘笈四：构建咨询与资源两大平台

福来咨询发现，政府和企业在执行方案的时候，经常由于资源不支撑，整合能力又不足，造成执行缓慢、成效打折。为此，福来咨询以全球视野整合打造资源平台，为地方政府和企业共享和赋能，让政府和企业驶上品牌建设与产业发展的快车道。

2019年5月30日（农历四月二十六日，神农氏诞辰日），福来咨询联合中国人民大学、京东农场、新华社《中国名牌》、国家行业协会、科研院所等相关机构发起主办的首届中国品牌农业神农论坛隆重举行，这是一个融合行业顶级思想与高端资源的大平台。同时成立神农合作组织，由28家国家级行业协会、智库、科研院所、产业链服务机构发起，为地方政府和龙头企业提供配套支持和服务。

2020年11月16日，第二届中国品牌农业神农论坛在京东集团总部召开，为新冠疫情阴影笼罩下的农业品牌建设带来一缕思想之光。

在福来咨询的资源平台上，阿里巴巴、京东、本来生活、中国农业科学院、中国农业大学、中国科技大学、新华社《中国名牌》、中国农业国际交流协会、中国茶叶流通协会、中国果品流通协会、中国蔬菜流通协会、中国肉类协会、中粮营养研究院、华糖传媒等众多机构纷纷为政府和企业的品牌建设和产业发展赋能、增效。

在京东农场数字农业战略发布会上，福来客户云天化集团、伊川小米等纷纷与京东农场建立战略合作，导入人工智能、物联网、区块链等技术与管理。

福来咨询为横州茉莉花策划的首届世界茉莉花大会，则借助新华社《中国名牌》的权威性和公信力，共同制作发布《世界茉莉花产业发展白皮书》。

为破解兰格格乳业卡脖子难题，福来咨询对接中国工程院院士、中国农业大学益生菌研究中心主任任发政老师，双方战略合作，成功研发出兰格格1号益生菌，打造酸奶领域的"中国芯片"，推动传统乳企向生物科技领域的跃进和升级。

此外，福来咨询还与全球顶尖农业大学荷兰瓦格宁根大学、美国斯坦福大学、新西兰皇家植物与食品研究院等世界资源对接，为中国政府和企业提供战略支持……

2019年11月1日，福来咨询发起的神农研习社，首站"欧洲品牌农业游学之旅"正式启动，10天3国，德国、法国、瑞士，11个经典项目，娄向鹏亲自带队，拜访雀巢、依云、Cailler巧克力、宝尚酒庄等全球顶尖品牌总部，重塑品牌农业的世界观和资源观。

世界融合还在进行中。据悉，由福来咨询参与发起的"中国地理标志走进联合国"活动正在筹划中，将优选最具中国特色和代表性的地理标志农产品走进联合国粮农组织总部及欧洲市场，通过文化宣讲、高端对话、产品体验、品牌巡展、产销对接等方式，充分展示中国农业的深厚文化和绝佳味道，让中国农业走出去，让世界爱上中国农产品。

从咨询服务到资源平台的搭建共享，让全球资源、全球经验服务中国政府和企业，植入中国市场实践，福来咨询实现了又一次跨越。

与此同时，从2018年起，福来咨询还发起全国性公益项目"神农公益大课堂"，由娄向鹏亲自领衔授课，公益性传播农业品牌建设的理论、路径和方法，该公益项目已经走进云南、广西、河南、江苏、山东、陕西、青海、宁夏、内蒙古、河北等地，申请和邀约的地方政府络绎不绝。

秘笈五：打破顶层设计与落地执行的魔咒

有一句大家很熟悉的话，首先要做对的事情，然后才是把事情做对。

顶层设计就是做对的事情，即找对中国农业品牌建设的根本道路和核心方法。

福来咨询在为盱眙龙虾做战略寻根后发现，盱眙龙虾要以质量对抗数量，做虾中贵族，如果比规模、拼数量，无法找到属于自己的可持续发展空间。为此，福来从盱眙龙虾的历史渊源、独特优势和根本资产出发，提炼出"小龙虾美食发源地"的战略之根和"白富美"的品牌灵魂，并以此为中心，进行产业规划和资源配置。

需要特别提醒的是，一些地方政府热衷打造无地域名无品类名（福来称之为"虚名、艺名、假名"）的区域公用品牌，结果往往事倍功半，适得其反。这种做法缺乏"三个抓手"：政府工作没有抓手，龙头企业经营没有抓手，消费者选择没有抓手。从理论到实践都走不通。

福来咨询拒绝了多个慕名而来做虚名区域公用品牌的地方政府。许多地方已经尝到虚名区域公用品牌模式的苦果，有的痛定思痛，果断叫停，重新选择和培育主导战略产业；有的碍于面子还在苦苦强撑。

福来咨询旗帜鲜明的疾呼：农产品区域公用品牌必须实名制！这是顶层设计中大是大非的根本问题，含糊不得。

仅仅做好顶层设计还远远不够，同时还需要具备保驾护航、把顶层设计落地执行的能力。

落地执行是大多数政府和农业企业的软肋，也是很多咨询机构的短板，但这却是福来咨询的强项。

第一，福来咨询不是一个人在战斗，而是有一支市场化基因强大的超级团队。福来推崇"责任至上，极致制胜"的核心价值观，视客户最终成果为市场价值，核心成员来自家电、医药保健品、食品饮料、农业、传媒、策划等多个领域，有战略规划高手，有创意设计大咖，有项目管理牛人，有市场督导战狼……

第二，福来咨询提供的是"顶层设计＋方案培训＋传播辅助＋战略体检"的系统化、实战型全案服务。福来咨询反复强调，顶层设计是万里长征的第一步，选对了方向和道路，确保想法和干法不偏不弯，又快又好达成目标，才是最终目的。所以，落地执行是顶层设计后福来团队关注和操心最多的地方。

福来咨询不仅为内蒙古兰格格乳业制定了"草原酸奶"的战略品牌顶层设计，以及"内蒙古第三、中国第一"的战略目标，也明确了发展路径、关键要素、传播模式和资源配置，更持续进行战略体检、战略宣讲、战略纠偏等贴身护航工作，共同孵化"中国草原酸奶第一股"。

第三，充分发挥福来咨询资源平台优势，为客户做市场、技术、专家、媒体、协会等适配资源的整合与对接，让顶层设计落地。无论是横州茉莉花在杭州茶博会成为最大赢家，还是在首届沙田柚产业大会上乾隆爷的沙田柚疯卖，以及兰格格中国草原酸奶大会在行业中的轰动，福来咨询都提供了包括方案策划、资源对接、流程设计、进度督导、媒体传播甚至活动执行等在内的全程落地支持。

第四，落地执行工作标准化、制度化。例如福来咨询在推动政府高效决策、快速执行时，明确提出必须列入"一把手"工程，并总结提炼了区域公用品牌运营管理的四项基本原则，以制度和标准确保政府工作与顶层设计同步，与战略落地同频。

以横州茉莉花为例。从党政"一把手"到各个职能部门对区域品牌建设都高度重视。市委书记黄海韬参与项目每一次重要讨论与决策，在黄书记的直接参与和推动下，横州茉莉花品牌建设工作成效显著。紧接着，又把横州甜玉米项目交给了福来咨询。越是透彻理解福来的思想与方法，就越是产生信赖、产出成效。

第五，机制流程做保障，过程护航到位。方案执行之始，首先对客户中高层进行培训，确保彻底理解方案，思想和行动统一。同时，监督客户建立培训和考核机制，内训外训相结合。这一点非常重要，没有统一的认识，就没有统一的行动，更不可能有高效的执行和落地。

娄向鹏强调，20年的咨询经验教训证明，与客户达成方案共识并不难，但往往在执行过程中走偏走样，这是惯性魔咒，也是最大的考验和决定成败的关键。所以，福来咨询不仅要用心用力提供一套系统的顶层设计方案，更要在定向纠偏、落地执行上持续跟踪和推动。娄向鹏坦言，这些往往比方案策划更操心、更费力，但也是值得的。

后记：做农业，不走弯路是最大的捷径

"未来20年，世界看中国，中国看农业，农业看品牌。"

这句娄向鹏的口头禅已经成为行业名言，被不少行业大咖引用在文章和演讲中，被众多企业制作在宣传栏和背景墙上。

一群人、一辈子、一件事，用品牌改变农业。这是福来咨询的经营使命和价值宣言。

农村出身的娄向鹏，带领福来咨询团队，早已把工作变成了事业，也收获了良好的职业口碑。合作过的政府领导和企业家们常常对福来咨询赞誉有加。

横州市委书记黄海韬：娄向鹏老师团队设计的横州茉莉花品牌战略提出了颇具建设性的方案，找到了茉莉花全产业链新路径，推动了茉莉花"标准化、品牌化、国际化"进程。

洛阳市副市长、时任伊川县委书记李新红：娄向鹏先生带领福来咨询团队，为伊川小米"寻根、塑魂、点睛"，让我们见证和感受到了品牌农业的力量。

时任内蒙古兴安盟农牧局党组书记、局长邱枫：福来咨询是农产品品牌策划的先驱，"兴安盟大米"品牌策划和建设的成功得益于福来咨询团队对农产品品牌的深刻理解，使我们在较短时间内取得了重大成果。

云南省农业农村厅党组书记、厅长谢晖：近年来，在云南省挖掘资源优势、彰显品牌价值，打造世界一流"绿色食品品牌"的过程中，娄向鹏老师团队做出了积极的努力与贡献。

南方黑芝麻集团董事长韦清文：福来团队把客户的事情当作自己的事业，说到做到。

仲景食品总经理朱新成：福来咨询是我们长期的智慧合作伙伴，也是

亲密战友。

史丹利农业集团总裁高进华：慕名而来，满载而归，福来团队不断给我们带来惊喜……

问娄向鹏，最想给政府领导和企业家讲的一句话是什么？娄向鹏毫不犹豫地说："做农业，没有捷径，不走弯路是最大的捷径！"

娄向鹏认为，今天，看似轰轰烈烈的农业品牌建设，对于中国各级政府和企业来说依然是一项崭新的课题，在理念、路径和方法上，存在很多误区和盲点，走了很多错路和弯路，往往造成重大的决策失误，贻误了宝贵的发展机遇，还浪费了政府和企业大量的人财物，甚至关乎产业和企业的生死存亡。每每看到这些，都会让福来团队无比痛心和惋惜。

所以，"做农业，不走弯路是最大的捷径"这句话成了福来咨询的信仰。当然，娄向鹏的心愿是让这句话成为客户的信仰。那样，中国农业的品牌化、现代化之路就会走得更快、更准和更好。

思想就是力量，责任成就价值。

很欣赏娄向鹏在《品牌农业3：农产品区域品牌创建之道》后记里的一段话：

"未来5～10年，协助政府和企业打造100个产业名片和国家名片级的农产品品牌，推动中国农业的伟大复兴。这就是我的初心、野心与忠心。我相信终有一天，品牌农业会成为最时尚、最性感、最荣耀的行业。"

我也相信。

（原文载于2022年12月29日神农岛）

结　语
CONCLUSION

人人心中都有一个乡村振兴梦

"民族要复兴，乡村必振兴。"

一句话揭示了乡村振兴战略背后的历史逻辑和国家意志。

"往上数三代，大多是农民。"

一句话道出了5000年中华文明蕴含的社会结构和阶层脉络。

从脱贫攻坚到乡村振兴，从城乡融合到共同富裕，从"五位一体"总体部署到中国式现代化，中国发展进入前所未有的新时代。

"没有农业农村现代化，就没有整个国家现代化""乡村振兴是新时代做好'三农'工作的总抓手""五级书记抓乡村振兴""县委书记是乡村振兴的一线总指挥"。

这是重大国家战略研判和决策，也是每一个地方政府、企业、组织和个人的新使命、新责任和新机遇。

一县一业，区域品牌打造，消费帮扶，万企兴万村，东西协作，对口帮扶，助农直播，企业下乡、能人回乡、农民工返乡、毕业生到乡……

中华大地，千年一遇，乡村振兴，壮美图景。

人人心中都有一个乡村振兴梦。这源于历史之根，源于血脉之魂，更源于时代的召唤和生命的担当。从某种意义上讲，这也是我们反哺乡村、有机增长、拯救自己的路径。

300多年前，顾炎武发出"天下兴亡，匹夫有责"的呼唤。

今天，我们可以大声说："乡村振兴，人人有责。"

要格外警惕的是，在"言必称乡村振兴"的当下，乡村振兴不是漂亮的口号，而是务实的行动；不是满腔热忱的试错，而是谋篇布局的实践。无论政府还是企业，少走错路、弯路，才是大道。

但乡村振兴之路到底怎么走？在中国这样一个拥有14亿人口的大国，实现乡村振兴是前无古人、后无来者的伟大创举，没有现成的、可照抄照搬的经验。

《乡村振兴·品牌引领》是福来咨询与中国人民大学品牌农业课题组的专项研究课题，立足中国特色，以国际视野和实战思维，从理论基础、顶层设计、方法体系、典型实践等方面全方位解析中国特色乡村振兴的底层逻辑和可行模式，探寻和分享中国特色乡村振兴的路径、方法与实践。

同时，《乡村振兴·品牌引领》也是我们"品牌农业系列"专著的第六部，构成"品牌农业"完整的理论体系和实践指南。期冀能为乡村振兴决策者和参与者提供有益的借鉴和参考，助力乡村振兴大业。

当然，《乡村振兴·品牌引领》是团队智慧的结晶。我和福来咨询联合创始人、总经理郝北海负责全书的总体架构和最终审定。福来合伙人郝振义担纲主要执笔人，福来合伙人钟新亮、由海、康海龙、何承霖、李程，福来项目总监张绍轩、项目助理张猛等，均参与了图书的具体创作与执行工作。感谢你们的非凡才华和辛勤付出。

感谢福来所有的客户。你们的信任与实践，是我们最重要的创作源泉。

感谢中国人民大学教授、博士生导师孔祥智老师一直以来的指导和帮助，并为本书亲自写序。

感谢为《乡村振兴·品牌引领》热情推荐的领导、专家和企业家们。

感谢中国农业出版社的编辑，他们给予了诸多专业建议与支持。

感谢父母赋予我的农村基因和善良天性，让我义无反顾，顺农而为。

感谢我太太和两个儿子的理解与陪伴，你们是我的坚强后盾。

从乡村中来，到乡村中去。

一切才刚刚开始。

祝梦想成真。

癸卯年，北京

图书在版编目（CIP）数据

乡村振兴　品牌引领：中国特色乡村振兴的路径、方法与实践/娄向鹏，郝北海著．—北京：中国农业出版社，2023.7（2024.3重印）

ISBN 978-7-109-30772-8

Ⅰ.①乡…　Ⅱ.①娄…②郝…　Ⅲ.①农村－社会主义建设－研究－中国　Ⅳ.①F320.3

中国国家版本馆CIP数据核字(2023)第100129号

中国农业出版社出版

地址：北京市朝阳区麦子店街18号楼

邮编：100125

责任编辑：程　燕　贾　彬

版式设计：王　怡　责任校对：吴丽婷　责任印制：王　宏

印刷：中农印务有限公司

版次：2023年7月第1版

印次：2024年3月北京第2次印刷

发行：新华书店北京发行所

开本：720mm×960mm　1/16

印张：15.25

字数：220千字

定价：79.00元